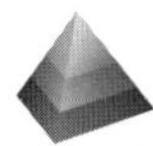

税务干部业务能力升级学习丛书

通用知识

本书编写组◎编

中国税务出版社

图书在版编目（CIP）数据

通用知识／本书编写组编．--北京：中国税务出版社，2024．8．--（税务干部业务能力升级学习丛书）．
ISBN 978－7－5678－1531－5

Ⅰ．F812.423

中国国家版本馆 CIP 数据核字第 2024MH5829 号

丛 书 名：税务干部业务能力升级学习丛书
书　　名：通用知识
TONGYONG ZHISHI
作　　者：本书编写组　编
责任编辑：庞　博　张大卫
责任校对：姚浩晴
技术设计：林立志
出版发行：中国税务出版社
北京市丰台区广安路 9 号国投财富广场 1 号楼 11 层
邮政编码：100055
网址：https：//www.taxation.cn
投稿：https：//www.taxation.cn/qt/zztg
发行中心电话：（010）83362083/85/86
传真：（010）83362047/49
经　　销：各地新华书店
印　　刷：保定市中画美凯印刷有限公司
规　　格：787 毫米×1092 毫米　1/16
印　　张：11.75
字　　数：236000 字
版　　次：2024 年 8 月第 1 版　2024 年 8 月第 1 次印刷
书　　号：ISBN 978－7－5678－1531－5
定　　价：38.00 元

编 者 说 明

为落实打造效能税务要求，持续深化依法治税、以数治税、从严治税一体贯通，不断提升税务干部税费征管、便民服务、风险防范的能力和水平，我们结合税收工作实际，组织编写了“税务干部业务能力升级学习丛书”，分为《通用知识》《综合管理岗位知识与技能》《纳税服务岗位知识与技能》《征收管理岗位知识与技能》《税务稽查岗位知识与技能》《信息技术岗位知识与技能》及配套习题集。

《通用知识》旨在帮助税务干部快速掌握应知应会的通用知识，系统提升履职能力。本书具有以下特点：一是内容全，覆盖税务干部通用类应知应会主要内容，尽最大可能为税务干部培训和学习提供参考；二是政策新，编写中注意内容的与时俱进，能够体现最新政策和工作要求；三是方便学，全书按照知识点进行编写，结构严谨、框架清晰，便于读者系统学习。

由于时间及能力所限，书中疏漏在所难免，不妥之处恳请读者批评指正。具体修改意见和建议，请与编辑联系（邮箱：bjzx@ taxation. cn，QQ：1050456451），以便修订时更正。

编　者

CONTENTS 目 录

第一章 政治素养

>>知识架构

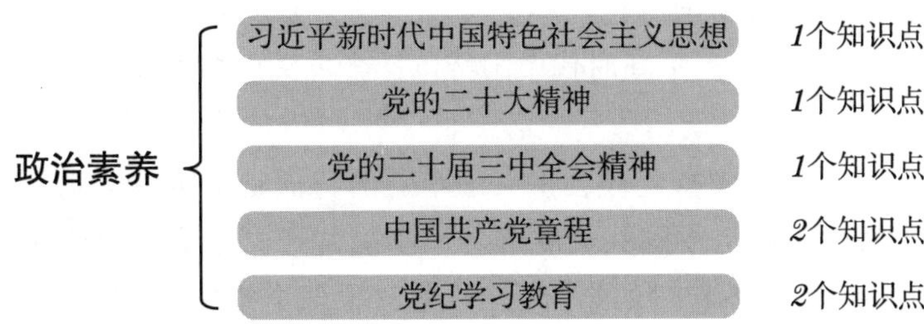

一 习近平新时代中国特色社会主义思想

【知识点】习近平新时代中国特色社会主义思想

党的十八大以来，以习近平同志为主要代表的中国共产党人，顺应时代要求，结合新的实际，科学回答了新时代坚持和发展什么样的中国特色社会主义、怎样坚持和发展中国特色社会主义，建设什么样的社会主义现代化强国、怎样建设社会主义现代化强国，建设什么样的长期执政的马克思主义政党、怎样建设长期执政的马克思主义政党等重大时代课题，创立了习近平新时代中国特色社会主义思想。习近平新时代中国特色社会主义思想，继承和发展马克思列宁主义、毛泽东思想、邓小平理论、“三个代表”重要思想、科学发展观，凝结着党和人民实践经验和集体智慧，以全新的视野深化了对共产党执政规律、社会主义建设规律、人类社会发展规律的认识，开辟了马克思主义中国化时代化新境界。

习近平总书记是习近平新时代中国特色社会主义思想的主要创立者。在领导全党全国各族人民推进党和国家事业的实践中，习近平总书记以马克思主义政治家、思想家、战略家的历史主动精神、非凡理论勇气、卓越政治智慧、强烈使命担当，以“我将无我，不负人民”的赤子情怀，应时代之变迁、立时代之潮头、发时代之先声，提出一系列原创性的治国理政新理念新思想新战略，为习近平新时代中国特色社会主义思想的创立和发展发挥了决定性作用、作出了决定性贡献。

习近平新时代中国特色社会主义思想内涵十分丰富，涵盖新时代坚持和发展中国特色社会主义的总目标、总任务、总体布局、战略布局和发展方向、发展方式、发展动力、战略步骤、外部条件、政治保证等基本问题，并根据新的实践对党的领导和党的建设、经济、政治、法治、科技、文化、教育、民生、民族、宗教、社会、生态文明、国家安全、国防和军队、“一国两制”和祖国统一、统一战线、外交等各方面作出新的理论概括和战略指引。

党的十九大、十九届六中全会提出的“十个明确”“十四个坚持”“十三个方面成就”概括了习近平新时代中国特色社会主义思想的主要内容。党的二十大提出“六个必须坚持”，概括阐述了习近平新时代中国特色社会主义思想的世界观、方法论和贯穿其中的立场观点方法。

“十个明确”：明确中国特色社会主义最本质的特征是中国共产党领导，中国特色社会主义制度的最大优势是中国共产党领导，中国共产党是最高政治领导力量，全党必须增强“四个意识”、坚定“四个自信”、做到“两个维护”；明确坚持和发展中国特色社会主义，总任务是实现社会主义现代化和中华民族伟大复兴，在全面建成小康社会的基础上，分两步走在本世纪中叶建成富强民主文明和谐美丽的社会主义现代化强国，以中国式现代化推进中华民族伟大复兴；明确新时代我国社会主要矛盾是人民日益增长的美好生活需要和不平衡不充分的发展之间的矛盾，必须坚持以人民为中心的发展思想，发展全过程人民民主，推动人的全面发展、全体人民共同富裕取得更为明显的实质性进展；明确中国特色社会主义事业总体布局是经济建设、政治建设、文化建设、社会建设、生态文明建设五位一体，战略布局是全面建设社会主义现代化国家、全面深化改革、全面依法治国、全面从严治党四个全面；明确全面深化改革总目标是完善和发展中国特色社会主义制度、推进国家治理体系和治理能力现代化；明确全面推进依法治国总目标是建设中国特色社会主义法治体系、建设社会主义法治国家；明确必须坚持和完善社会主义基本经济制度，使市场在资源配置中起决定性作用，更好发挥政府作用，把握新发展阶段，贯彻创新、协调、绿色、开放、共享的新发展理念，加快构建以国内大循环为主体、国内国际双循环相互促进的新发展格局，推动高质量发展，统筹发展和安全；明确党在新时代的强军目标是建设一支听党指挥、能打胜仗、作风优良的人民军队，把人民军队建设成为世界一流军队；明确中国特色大国外交要服务民族复兴、促进人类进步，推动建设新型国际关系，推动构建人类命运共同体；明确全面从严治党的战略方针，提出新时代党的建设总要求，全面推进党的政治建设、思想建设、组织建设、作风建设、纪律建设，把制度建设贯穿其中，深入推进反腐败斗争，落实管党治党政治责任，以伟大自我革命引领伟大社会革命。

“十四个坚持”：坚持党对一切工作的领导，坚持以人民为中心，坚持全面深化改革，坚持新发展理念，坚持人民当家作主，坚持全面依法治国，坚持社会主义核心价值体系，坚持在发展中保障和改善民生，坚持人与自然和谐共生，坚持总体国家安全观，坚持党对人民军队的绝对领导，坚持“一国两制”和推进祖国统一，坚持推动构建人类命运共同体，坚持全面从严治党。

“十三个方面成就”：在坚持党的全面领导、全面从严治党、经济建设、全面深化改革开放、政治建设、全面依法治国、文化建设、社会建设、生态文明建设、国防和军队建设、维护国家安全、坚持“一国两制”和推进祖国统一、外交工作等方面取得的历史性成就和发生的历史性变革。

“六个必须坚持”：必须坚持人民至上、必须坚持自信自立、必须坚持守正创新、必须坚持问题导向、必须坚持系统观念、必须坚持胸怀天下。

二 党的二十大精神

【知识点】党的二十大精神

中国共产党第二十次全国代表大会于 2022 年 10 月 16 日上午 10 时在北京人民大会堂开幕，会期为 10 月 16 日至 10 月 22 日。大会明确宣示党在新征程上举什么旗、走什么路、以什么样的精神状态、朝着什么样的目标继续前进，对全面建成社会主义现代化强国两步走战略安排进行宏观展望，科学谋划未来 5 年乃至更长时期党和国家事业发展的目标任务和大政方针。大会是在全党全国各族人民迈上全面建设社会主义现代化国家新征程、向第二个百年奋斗目标进军的关键时刻召开的一次十分重要的大会。

1. 大会的主题

高举中国特色社会主义伟大旗帜，全面贯彻习近平新时代中国特色社会主义思想，弘扬伟大建党精神，自信自强、守正创新，踔厉奋发、勇毅前行，为全面建设社会主义现代化国家、全面推进中华民族伟大复兴而团结奋斗。

2. “三个务必”

全党同志务必不忘初心、牢记使命，务必谦虚谨慎、艰苦奋斗，务必敢于斗争、善于斗争，坚定历史自信，增强历史主动，谱写新时代中国特色社会主义更加绚丽的华章。

3. 过去五年的工作和新时代十年的伟大变革

党的十九大以来的五年，是极不寻常、极不平凡的五年。党中央统筹中华民族伟大复兴战略全局和世界百年未有之大变局，召开七次全会，分别就宪法修改，深化党和国家机构改革，坚持和完善中国特色社会主义制度、推进国家治理体系和治理能力现代化，制定“十四五”规划和 2035 年远景目标，全面总结党的百年奋斗重大成就和历史经验等重大问题作出决定和决议，就党和国家事业发展作出重大战略部署，团结带领全党全军全国各族人民有效应对严峻复杂的国际形势和接踵而至的巨大风险挑战，以奋发有为的精神把新时代中国特色社会主义不断推向前进。

过去十年我们经历了三件大事：一是迎来中国共产党成立一百周年，二是中国特色社会主义进入新时代，三是完成脱贫攻坚、全面建成小康社会的历史任务，实现第一个百年奋斗目标。

4. 以中国式现代化全面推进中华民族伟大复兴

（1）中国式现代化，是中国共产党领导的社会主义现代化，既有各国现代化的共同特征，更有基于自己国情的中国特色。中国式现代化是人口规模巨大的现代化，是全体人民共同富裕的现代化，是物质文明和精神文明相协调的现代化，是人与自然和谐共生的现代化，是走和平发展道路的现代化。

中国式现代化的本质要求：坚持中国共产党领导，坚持中国特色社会主义，实现高质量发展，发展全过程人民民主，丰富人民精神世界，实现全体人民共同富裕，促进人与自然和谐共生，推动构建人类命运共同体，创造人类文明新形态。

（2）全面建成社会主义现代化强国，总的战略安排是分两步走：从2020年到2035年基本实现社会主义现代化；从2035年到21世纪中叶把我国建成富强民主文明和谐美丽的社会主义现代化强国。在基本实现现代化的基础上，我们要继续奋斗，到21世纪中叶，把我国建设成为综合国力和国际影响力领先的社会主义现代化强国。

5. 全面建设社会主义现代化国家，必须牢牢把握的五个重大原则

全面建设社会主义现代化国家，是一项伟大而艰巨的事业，前途光明，任重道远。前进道路上，必须牢牢把握以下重大原则：坚持和加强党的全面领导，坚持中国特色社会主义道路，坚持以人民为中心的发展思想，坚持深化改革开放，坚持发扬斗争精神。

6. 对未来五年党和国家各项事业发展的战略部署

党的二十大报告从统筹推进“五位一体”总体布局、协调推进“四个全面”战略布局出发，对经济建设、教育科技人才工作、民主政治建设、全面依法治国、文化建设、保障和改善民生、生态文明建设、维护国家安全和稳定、国防和军队建设、港澳台工作和对外工作作出部署。

（1）发展是党执政兴国的第一要务。没有坚实的物质技术基础，就不可能全面建成社会主义现代化强国。高质量发展是全面建设社会主义现代化国家的首要任务。要加快构建新发展格局，着力推动高质量发展。要构建高水平社会主义市场经济体制，建设现代化产业体系，全面推进乡村振兴，促进区域协调发展，推进高水平对外开放。

（2）教育、科技、人才是全面建设社会主义现代化国家的基础性、战略性支撑，必须坚持科技是第一生产力、人才是第一资源、创新是第一动力，办好人民满意的教育，完善科技创新体系，加快实施创新驱动发展战略，深入实施人才强国战略。

（3）发展全过程人民民主，保障人民当家作主，加强人民当家作主制度保障，全面发展协商民主，积极发展基层民主，巩固和发展最广泛的爱国统一战线。

（4）坚持全面依法治国，推进法治中国建设，完善以宪法为核心的中国特色社会主义法律体系，扎实推进依法行政，严格公正司法，加快建设法治社会。

（5）推进文化自信自强，铸就社会主义文化新辉煌，建设具有强大凝聚力和引领

力的社会主义意识形态，广泛践行社会主义核心价值观，提高全社会文明程度，繁荣发展文化事业和文化产业，增强中华文明传播力影响力。

(6) 增进民生福祉，提高人民生活品质，完善分配制度，实施就业优先战略，健全社会保障体系，推进健康中国建设。

(7) 推动绿色发展，促进人与自然和谐共生，加快发展方式绿色转型，深入推进环境污染防治，提升生态系统多样性、稳定性、持续性，积极稳妥推进碳达峰碳中和。

(8) 推进国家安全体系和能力现代化，坚决维护国家安全和社会稳定，健全国家安全体系，增强维护国家安全能力，提高公共安全治理水平，完善社会治理体系。

(9) 实现建军一百年奋斗目标，开创国防和军队现代化新局面，全面加强人民军队党的建设，全面加强练兵备战，全面加强军事治理，巩固拓展国防和军队改革成果。

(10) 坚持和完善“一国两制”，推进祖国统一，全面准确、坚定不移贯彻“一国两制”、“港人治港”、“澳人治澳”、高度自治的方针。解决台湾问题、实现祖国完全统一，是党矢志不渝的历史任务。

(11) 促进世界和平与发展，推动构建人类命运共同体，中国坚定奉行独立自主的和平外交政策，坚持在和平共处五项原则基础上同各国发展友好合作，推动构建新型国际关系。

7. 坚定不移全面从严治党，深入推进新时代党的建设新的伟大工程

(1) 全面从严治党永远在路上，党的自我革命永远在路上，决不能有松劲歇脚、疲劳厌战的情绪，必须持之以恒推进全面从严治党，深入推进新时代党的建设新的伟大工程，以党的自我革命引领社会革命。

(2) 要落实新时代党的建设总要求，健全全面从严治党体系，全面推进党的自我净化、自我完善、自我革新、自我提高，使我们党坚守初心使命，始终成为中国特色社会主义事业的坚强领导核心。重点做好七个方面：坚持和加强党中央集中统一领导，坚持不懈用新时代中国特色社会主义思想凝心铸魂，完善党的自我革命制度规范体系，建设堪当民族复兴重任的高素质干部队伍，增强党组织政治功能和组织功能，坚持以严的基调强化正风肃纪，坚决打赢反腐败斗争攻坚战持久战。

8. 青年工作

全党要把青年工作作为战略性工作来抓，用党的科学理论武装青年，用党的初心使命感召青年，做青年朋友的知心人、青年工作的热心人、青年群众的引路人。广大青年要坚定不移听党话、跟党走，怀抱梦想又脚踏实地，敢想敢为又善作善成，立志做有理想、敢担当、能吃苦、肯奋斗的新时代好青年，让青春在全面建设社会主义现代化国家的火热实践中绽放绚丽之花。

三 党的二十届三中全会精神

【知识点】党的二十届三中全会精神

中国共产党第二十届中央委员会第三次全体会议于 2024 年 7 月 15 日至 18 日在北京举行。全会听取和讨论了习近平受中央政治局委托所作的工作报告，审议通过了《中共中央关于进一步全面深化改革、推进中国式现代化的决定》。

1. 进一步全面深化改革的重要性和必要性

改革开放是党和人民事业大踏步赶上时代的重要法宝。当前和今后一个时期是以中国式现代化全面推进强国建设、民族复兴伟业的关键时期。面对纷繁复杂的国际国内形势，面对新一轮科技革命和产业变革，面对人民群众新期待，必须继续把改革推向前进。这是坚持和完善中国特色社会主义制度、推进国家治理体系和治理能力现代化的必然要求，是贯彻新发展理念、更好适应我国社会主要矛盾变化的必然要求，是坚持以人民为中心、让现代化建设成果更多更公平惠及全体人民的必然要求，是应对重大风险挑战、推动党和国家事业行稳致远的必然要求，是推动构建人类命运共同体、在百年变局加速演进中赢得战略主动的必然要求，是深入推进新时代党的建设新的伟大工程、建设更加坚强有力的马克思主义政党的必然要求。改革开放只有进行时，没有完成时。全党必须自觉把改革摆在更加突出位置，紧紧围绕推进中国式现代化进一步全面深化改革。

2. 进一步全面深化改革的指导思想

坚持马克思列宁主义、毛泽东思想、邓小平理论、“三个代表”重要思想、科学发展观，全面贯彻习近平新时代中国特色社会主义思想，深入学习贯彻习近平总书记关于全面深化改革的一系列新思想、新观点、新论断，完整准确全面贯彻新发展理念，坚持稳中求进工作总基调，坚持解放思想、实事求是、与时俱进、求真务实，进一步解放和发展社会生产力、激发和增强社会活力，统筹国内国际两个大局，统筹推进“五位一体”总体布局，协调推进“四个全面”战略布局，以经济体制改革为牵引，以促进社会公平正义、增进人民福祉为出发点和落脚点，更加注重系统集成，更加注重突出重点，更加注重改革实效，推动生产关系和生产力、上层建筑和经济基础、国家治理和社会发展更好相适应，为中国式现代化提供强大动力和制度保障。

3. 进一步全面深化改革的总目标

继续完善和发展中国特色社会主义制度，推进国家治理体系和治理能力现代化。到 2035 年，全面建成高水平社会主义市场经济体制，中国特色社会主义制度更加完善，基本实现国家治理体系和治理能力现代化，基本实现社会主义现代化，为到 21 世纪中叶全面建成社会主义现代化强国奠定坚实基础。到 2029 年中华人民共和国成立 80

周年时，完成决定提出的改革任务。

4. “七个聚焦”

聚焦构建高水平社会主义市场经济体制，聚焦发展全过程人民民主，聚焦建设社会主义文化强国，聚焦提高人民生活品质，聚焦建设美丽中国，聚焦建设更高水平平安中国，聚焦提高党的领导水平和长期执政能力。

5. 进一步全面深化改革的原则（“六个坚持”）

（1）坚持党的全面领导，坚定维护党中央权威和集中统一领导，发挥党总揽全局、协调各方的领导核心作用，把党的领导贯穿改革各方面全过程，确保改革始终沿着正确政治方向前进。

（2）坚持以人民为中心，尊重人民主体地位和首创精神，人民有所呼、改革有所应，做到改革为了人民、改革依靠人民、改革成果由人民共享。

（3）坚持守正创新，坚持中国特色社会主义不动摇，紧跟时代步伐，顺应实践发展，突出问题导向，在新的起点上推进理论创新、实践创新、制度创新、文化创新以及其他各方面创新。

（4）坚持以制度建设为主线，加强顶层设计、总体谋划，破立并举、先立后破，筑牢根本制度，完善基本制度，创新重要制度。

（5）坚持全面依法治国，在法治轨道上深化改革、推进中国式现代化，做到改革和法治相统一，重大改革于法有据、及时把改革成果上升为法律制度。

（6）坚持系统观念，处理好经济和社会、政府和市场、效率和公平、活力和秩序、发展和安全等重大关系，增强改革系统性、整体性、协同性。

6. 构建高水平社会主义市场经济体制

高水平社会主义市场经济体制是中国式现代化的重要保障。必须更好发挥市场机制作用，创造更加公平、更有活力的市场环境，实现资源配置效率最优化和效益最大化，既“放得活”又“管得住”，更好维护市场秩序、弥补市场失灵，畅通国民经济循环，激发全社会内生动力和创新活力。

（1）坚持和落实“两个毫不动摇”。

（2）构建全国统一大市场。

（3）完善市场经济基础制度。

7. 健全推动经济高质量发展体制机制

高质量发展是全面建设社会主义现代化国家的首要任务。必须以新发展理念引领改革，立足新发展阶段，深化供给侧结构性改革，完善推动高质量发展激励约束机制，塑造发展新动能新优势。

（1）健全因地制宜发展新质生产力体制机制。

（2）健全促进实体经济和数字经济深度融合制度。

（3）完善发展服务业体制机制。

（4）健全现代化基础设施建设体制机制。

（5）健全提升产业链供应链韧性和安全水平制度。

8. 构建支持全面创新体制机制

教育、科技、人才是中国式现代化的基础性、战略性支撑。必须深入实施科教兴国战略、人才强国战略、创新驱动发展战略，统筹推进教育科技人才体制机制一体改革，健全新型举国体制，提升国家创新体系整体效能。

（1）深化教育综合改革。

（2）深化科技体制改革。

（3）深化人才发展体制机制改革。

9. 健全宏观经济治理体系

科学的宏观调控、有效的政府治理是发挥社会主义市场经济体制优势的内在要求。必须完善宏观调控制度体系，统筹推进财税、金融等重点领域改革，增强宏观政策取向一致性。

（1）完善国家战略规划体系和政策统筹协调机制。

（2）深化财税体制改革。

健全有利于高质量发展、社会公平、市场统一的税收制度，优化税制结构。研究同新业态相适应的税收制度。全面落实税收法定原则，规范税收优惠政策，完善对重点领域和关键环节支持机制。健全直接税体系，完善综合和分类相结合的个人所得税制度，规范经营所得、资本所得、财产所得税收政策，实行劳动性所得统一征税。深化税收征管改革。

建立权责清晰、财力协调、区域均衡的中央和地方财政关系。增加地方自主财力，拓展地方税源，适当扩大地方税收管理权限。完善财政转移支付体系，清理规范专项转移支付，增加一般性转移支付，提升市县财力同事权相匹配程度。建立促进高质量发展转移支付激励约束机制。推进消费税征收环节后移并稳步下划地方，完善增值税留抵退税政策和抵扣链条，优化共享税分享比例。研究把城市维护建设税、教育费附加、地方教育附加合并为地方附加税，授权地方在一定幅度内确定具体适用税率。合理扩大地方政府专项债券支持范围，适当扩大用作资本金的领域、规模、比例。完善政府债务管理制度，建立全口径地方债务监测监管体系和防范化解隐性债务风险长效机制，加快地方融资平台改革转型。规范非税收入管理，适当下沉部分非税收入管理权限，由地方结合实际差别化管理。

（3）深化金融体制改革。

（4）完善实施区域协调发展战略机制。

10. 完善城乡融合发展体制机制

城乡融合发展是中国式现代化的必然要求。必须统筹新型工业化、新型城镇化和乡村全面振兴，全面提高城乡规划、建设、治理融合水平，促进城乡要素平等交换、双向流动，缩小城乡差别，促进城乡共同繁荣发展。

（1）健全推进新型城镇化体制机制。

（2）巩固和完善农村基本经营制度。

（3）完善强农惠农富农支持制度。

（4）深化土地制度改革。

11. 完善高水平对外开放体制机制

开放是中国式现代化的鲜明标识。必须坚持对外开放基本国策，坚持以开放促改革，依托我国超大规模市场优势，在扩大国际合作中提升开放能力，建设更高水平开放型经济新体制。

（1）稳步扩大制度型开放。

（2）深化外贸体制改革。

（3）深化外商投资和对外投资管理体制改革。

（4）优化区域开放布局。

（5）完善推进高质量共建“一带一路”机制。

12. 健全全过程人民民主制度体系

发展全过程人民民主是中国式现代化的本质要求。必须坚定不移走中国特色社会主义政治发展道路，坚持和完善我国根本政治制度、基本政治制度、重要政治制度，丰富各层级民主形式，把人民当家作主具体、现实体现到国家政治生活和社会生活各方面。

（1）加强人民当家作主制度建设。

（2）健全协商民主机制。

（3）健全基层民主制度。

（4）完善大统战工作格局。

13. 完善中国特色社会主义法治体系

法治是中国式现代化的重要保障。必须全面贯彻实施宪法，维护宪法权威，协同推进立法、执法、司法、守法各环节改革，健全法律面前人人平等保障机制，弘扬社会主义法治精神，维护社会公平正义，全面推进国家各方面工作法治化。

（1）深化立法领域改革。

（2）深入推进依法行政。

（3）健全公正执法司法体制机制。

（4）完善推进法治社会建设机制。

（5）加强涉外法治建设。

14. 深化文化体制机制改革

中国式现代化是物质文明和精神文明相协调的现代化。必须增强文化自信，发展社会主义先进文化，弘扬革命文化，传承中华优秀传统文化，加快适应信息技术迅猛发展新形势，培育形成规模宏大的优秀文化人才队伍，激发全民族文化创新创造活力。

（1）完善意识形态工作责任制。

（2）优化文化服务和文化产品供给机制。

（3）健全网络综合治理体系。

（4）构建更有效力的国际传播体系。

15. 健全保障和改善民生制度体系

在发展中保障和改善民生是中国式现代化的重大任务。必须坚持尽力而为、量力而行，完善基本公共服务制度体系，加强普惠性、基础性、兜底性民生建设，解决好人民最关心最直接最现实的利益问题，不断满足人民对美好生活的向往。

（1）完善收入分配制度。

（2）完善就业优先政策。

（3）健全社会保障体系。

（4）深化医药卫生体制改革。

（5）健全人口发展支持和服务体系。

16. 深化生态文明体制改革

中国式现代化是人与自然和谐共生的现代化。必须完善生态文明制度体系，协同推进降碳、减污、扩绿、增长，积极应对气候变化，加快完善落实绿水青山就是金山银山理念的体制机制。

（1）完善生态文明基础体制。

（2）健全生态环境治理体系。

（3）健全绿色低碳发展机制。

17. 推进国家安全体系和能力现代化

国家安全是中国式现代化行稳致远的重要基础。必须全面贯彻总体国家安全观，完善维护国家安全体制机制，实现高质量发展和高水平安全良性互动，切实保障国家长治久安。

（1）健全国家安全体系。

（2）完善公共安全治理机制。

（3）健全社会治理体系。

（4）完善涉外国家安全机制。

18. 持续深化国防和军队改革

国防和军队现代化是中国式现代化的重要组成部分。必须坚持党对人民军队的绝对领导，深入实施改革强军战略，为如期实现建军一百年奋斗目标、基本实现国防和军队现代化提供有力保障。

（1）完善人民军队领导管理体制机制。

（2）深化联合作战体系改革。

（3）深化跨军地改革。

19. 提高党对进一步全面深化改革、推进中国式现代化的领导水平

党的领导是进一步全面深化改革、推进中国式现代化的根本保证。必须深刻领悟“两个确立”的决定性意义，增强“四个意识”、坚定“四个自信”、做到“两个维护”，保持以党的自我革命引领社会革命的高度自觉，坚持用改革精神和严的标准管党治党，完善党的自我革命制度规范体系，不断推进党的自我净化、自我完善、自我革新、自我提高，确保党始终成为中国特色社会主义事业的坚强领导核心。

（1）坚持党中央对进一步全面深化改革的集中统一领导。

（2）深化党的建设制度改革。

（3）深入推进党风廉政建设和反腐败斗争。

（4）以钉钉子精神抓好改革落实。

中国式现代化是走和平发展道路的现代化。对外工作必须坚定奉行独立自主的和平外交政策，推动构建人类命运共同体，践行全人类共同价值，落实全球发展倡议、全球安全倡议、全球文明倡议，倡导平等有序的世界多极化、普惠包容的经济全球化，深化外事工作机制改革，参与引领全球治理体系改革和建设，坚定维护国家主权、安全、发展利益，为进一步全面深化改革、推进中国式现代化营造良好外部环境。

四 中国共产党章程

党章是管党治党的总章程、总规矩，是中国共产党最根本的党内法规。党章对党的性质和宗旨、路线和纲领、指导思想和奋斗目标、组织原则和组织机构、党员义务和权利以及党的纪律等作出根本规定。

中国共产党现行党章由中国共产党第二十次全国代表大会部分修改，2022 年 10 月 22 日通过。大会通过的党章修正案共修改 50 处，其中总纲部分的修改 37 处，条文部分的修改 13 处。

【知识点 1】党的二十大党章修改要点

（1）增写党百年奋斗的重大成就和历史经验的内容。一百多年来，中国共产党团

结带领中国人民进行的一切奋斗、一切牺牲、一切创造，归结起来就是一个主题，实现中华民族伟大复兴。

（2）充实完善习近平新时代中国特色社会主义思想的科学内涵和历史地位相关内容。增写了坚持把马克思主义基本原理同中国具体实际相结合、同中华优秀传统文化相结合，科学回答了新时代坚持和发展什么样的中国特色社会主义、怎样坚持和发展中国特色社会主义等重大时代课题。

（3）坚定维护以习近平同志为核心的党中央权威和集中统一领导。党章强调实行正确的集中，坚定维护以习近平同志为核心的党中央权威和集中统一领导，保证全党的团结统一和行动一致，保证党的决定得到迅速有效的贯彻执行；并对党员新加增强“四个意识”、坚定“四个自信”、做到“两个维护”方面的义务。

（4）分两步走的战略安排写入党章。到 2035 年基本实现社会主义现代化，到本世纪中叶把我国建成社会主义现代化强国。

（5）以中国式现代化全面推进中华民族伟大复兴的奋斗目标写入党章。

（6）把逐步实现全体人民共同富裕写入党章。

（7）把坚持新时代党的组织路线写入党章。把坚持新时代党的组织路线作为党的建设的基本要求之一写入党章，从而确保不断增强党组织的政治功能和组织功能，为党的基本理论、基本路线、基本方略的贯彻落实提供强大组织保证。

（8）把伟大建党精神写入党章。坚持真理、坚守理想，践行初心、担当使命，不怕牺牲、英勇斗争，对党忠诚、不负人民的伟大建党精神，是全党的宝贵财富。

（9）把“以伟大自我革命引领伟大社会革命”写入党章。

【知识点 2】应知应会党章知识

1. 党的性质

中国共产党是中国工人阶级的先锋队，同时是中国人民和中华民族的先锋队，是中国特色社会主义事业的领导核心。

2. 党的最高理想和最终目标

实现共产主义是党的最高理想和最终目标，党在当前阶段的奋斗目标是全面建设社会主义现代化国家，实现中华民族伟大复兴。

3. 党的指导思想

中国共产党以马克思列宁主义、毛泽东思想、邓小平理论、“三个代表”重要思想、科学发展观、习近平新时代中国特色社会主义思想作为自己的行动指南。

4. 党的基本路线

党在社会主义初级阶段的基本路线，即领导和团结全国各族人民，以经济建设为中心，坚持四项基本原则，坚持改革开放，自力更生，艰苦创业，为把我国建设成为富强民主文明和谐美丽的社会主义现代化强国而奋斗。

5. 党的组织原则

民主集中制是党的根本组织原则和领导制度，要求充分发扬党内民主，实行正确的集中，保障党员的民主权利。

6. 党员的权利和义务

党章规定了党员享有的各项权利和必须履行的义务，强调党员必须发挥先锋模范作用，自觉遵守党的纪律。

7. 党的组织机构

党章规定了党的中央组织、地方组织和基层组织的设置、职责和选举办法，确保党的组织体系的健全和高效运转。

8. 党的干部

党章强调党要管党、全面从严治党，要求加强对干部的选拔、任用和管理，确保干部忠诚干净担当。

9. 党的纪律

党章规定了党的纪律处分种类和程序，要求党员必须严守党的政治纪律和政治规矩。

10. 党的作风

党章强调党要发扬密切联系群众、批评和自我批评的优良作风，坚决反对形式主义、官僚主义、享乐主义和奢靡之风。

11. 党的群众路线

党章指出，党在自己的工作中实行群众路线，一切为了群众，一切依靠群众，从群众中来，到群众中去，把党的正确主张变为群众的自觉行动。

12. 党的统一战线

党章强调要巩固和发展最广泛的爱国统一战线，包括全体社会主义劳动者、社会主义事业的建设者、拥护社会主义的爱国者、拥护祖国统一和民族团结的爱国者。

13. 党的国际政策

党章规定了中国共产党坚持独立自主的和平外交政策，坚持和平发展道路，推动构建人类命运共同体。

14. 党的建设要求

党章要求全面推进党的政治建设、思想建设、组织建设、作风建设、纪律建设，把制度建设贯穿其中，深入推进反腐败斗争。

15. 党的中央委员会的职权

党章明确规定了党的中央委员会在党内生活中的领导地位和职权范围，包括召集全国代表大会、选举中央领导机构、领导全党工作等。

16. 党的代表大会制度

党章规定党的全国代表大会和它所产生的中央委员会是党的最高领导机关，全国代表大会每五年举行一次。

17. 党的基层组织建设

党章强调要加强党的基层组织建设，发挥基层党组织的战斗堡垒作用和党员的先锋模范作用。

18. 党的纪律检查机关

党章规定了党的纪律检查机关的设置和职责，要求其监督党的组织和党员执行党的路线、方针、政策的情况。

19. 党的思想路线

党章指出，党必须坚持解放思想、实事求是、与时俱进、求真务实的思想路线，一切从实际出发，理论联系实际，在实践中检验真理和发展真理。

20. 党的自我革命精神

党章强调党要勇于自我革命，从严管党治党，确保党始终走在时代前列，始终成为全国人民的主心骨。

五 党纪学习教育

【知识点 1】目标要求

1. 党纪学习教育的时间

经党中央同意，自 2024 年 4 月至 7 月在全党开展党纪学习教育。

2. 党纪学习教育的重要意义

这次党纪学习教育，是加强党的纪律建设、推动全面从严治党向纵深发展的重要举措。

3. 党纪学习教育的目的

进一步深化对加强党的纪律建设重要性和忽视党纪、违反党纪问题危害性的认识，推动各级党组织和领导班子从严抓好党的纪律建设，推动广大党员、干部强化遵守纪律的自觉，以严明的纪律确保全党自觉同以习近平同志为核心的党中央保持高度一致，统一思想、统一行动，知行知止、令行禁止，形成推进中国式现代化的强大动力和合力。

4. 党纪学习教育的目标要求

教育引导党员干部学纪、知纪、明纪、守纪。

5. 党纪学习教育的学习重点

在学习贯彻《中国共产党纪律处分条例》（以下简称《条例》）上下功夫见成效。

坚持逐章逐条学、联系实际学，抓好以案促学、以训助学，教育引导党员干部准确掌握其主旨要义和规定要求，进一步明确日常言行的衡量标尺，用党规党纪校正思想和行动，真正使学习党纪的过程成为增强纪律意识、提高党性修养的过程。

6. 党纪学习教育的形式

党纪学习教育要注重融入日常、抓在经常。要原原本本学，坚持个人自学与集中学习相结合，紧扣党的政治纪律、组织纪律、廉洁纪律、群众纪律、工作纪律、生活纪律进行研讨，推动《条例》入脑入心。要加强警示教育，深刻剖析违纪典型案例，注重用身边事教育身边人，让党员、干部受警醒、明底线、知敬畏。

7. 党跳出治乱兴衰历史周期率的第二个答案

经过不懈努力，党找到了自我革命这一跳出治乱兴衰历史周期率的第二个答案（第一个答案：让人民来监督政府），确保党永远不变质、不变色、不变味。

8. 自我革命的“三个重大问题”

“为什么要自我革命”的重大问题，“为什么能自我革命”的重大问题，“怎样推进自我革命”的重大问题。

9. 推进自我革命“九个以”的实践要求

在深入推进党的自我革命实践中需要把握好九个问题，即：以坚持党中央集中统一领导为根本保证，以引领伟大社会革命为根本目的，以习近平新时代中国特色社会主义思想为根本遵循，以跳出历史周期率为战略目标，以解决大党独有难题为主攻方向，以健全全面从严治党体系为有效途径，以锻造坚强组织、建设过硬队伍为重要着力点，以正风肃纪反腐为重要抓手，以自我监督和人民监督相结合为强大动力。

【知识点 2】《中国共产党纪律处分条例》

（1）2023 年 12 月 19 日，中共中央发布新修订的《中国共产党纪律处分条例》。修订后的《条例》共三编、一百五十八条，自 2024 年 1 月 1 日起施行。

（2）新修订的《中国共产党纪律处分条例》（以下简称《条例》）在总结实践经验基础上，与时俱进完善纪律规范，与 2018 年《条例》相比，新增 16 条，修改 76 条，进一步扎紧织密制度笼子，为全面加强党的纪律建设提供了重要遵循。

（3）监督执纪“四种形态”：经常开展批评和自我批评，及时进行谈话提醒、批评教育、责令检查、诫勉，让“红红脸、出出汗”成为常态；党纪轻处分、组织调整成为违纪处理的大多数；党纪重处分、重大职务调整的成为少数；严重违纪涉嫌犯罪追究刑事责任的成为极少数。

（4）《条例》适用于违犯党纪应当受到党纪责任追究的党组织和党员。

（5）对党员的纪律处分种类：①警告；②严重警告；③撤销党内职务；④留党察看；⑤开除党籍。

（6）党员受到警告处分一年内、受到严重警告处分一年半内，不得在党内提拔职务或者进一步使用，也不得向党外组织推荐担任高于其原任职务的党外职务或者进一步使用。

（7）对于严重违犯党纪、本身又不能纠正的党组织，上一级党的委员会在查明核实后，根据情节严重的程度，可以予以：①改组；②解散。

（8）留党察看处分，分为留党察看一年、留党察看二年。对于受到留党察看处分一年的党员，期满后仍不符合恢复党员权利条件的，应当延长一年留党察看期限。留党察看期限最长不得超过二年。党员受留党察看处分期间，没有表决权、选举权和被选举权。留党察看期间，确有悔改表现的，期满后恢复其党员权利；坚持不改或者又发现其他应当受到党纪处分的违纪行为的，应当开除党籍。

（9）党员受到开除党籍处分，五年内不得重新入党，也不得推荐担任与其原任职务相当或者高于其原任职务的党外职务。另有规定不准重新入党的，依照规定。

（10）党员干部受到党纪处分，需要同时进行组织处理的，党组织应当按照规定给予组织处理。

（11）有下列情形之一的，可以从轻或者减轻处分：

①主动交代本人应当受到党纪处分的问题；

②在组织谈话函询、初步核实、立案审查过程中，能够配合核实审查工作，如实说明本人违纪违法事实；

③检举同案人或者其他人应当受到党纪处分或者法律追究的问题，经查证属实，或者有其他立功表现；

④主动挽回损失、消除不良影响或者有效阻止危害结果发生；

⑤主动上交或者退赔违纪所得；

⑥党内法规规定的其他从轻或者减轻处分情形。

（12）有下列情形之一的，应当从重或者加重处分：

①强迫、唆使他人违纪；

②拒不上交或者退赔违纪所得；

③违纪受处分后又因故意违纪应当受到党纪处分；

④违纪受处分后，又被发现其受处分前没有交代的其他应当受到党纪处分的问题；

⑤党内法规规定的其他从重或者加重处分情形。

（13）六大纪律：《条例》分则部分详细规定了各类违纪行为及相应的处分措施，包括政治纪律、组织纪律、廉洁纪律、群众纪律、工作纪律和生活纪律等六个方面的违纪行为及其认定标准和处理办法。

（14）政治纪律是党的各级组织和全体党员在政治立场、政治方向、政治原则、政治道路上必须遵守的行为规则，是维护党的团结统一的根本保证。《条例》分则“对违反政治纪律行为的处分”一章共 28 条，增写 2 条，修改 12 条。

（15）组织纪律是规范和处理党的各级组织之间、党组织与党员之间以及党员与党员之间关系的行为规则。《条例》分则“对违反组织纪律行为的处分”一章共 17 条，增写 2 条，修改 7 条。

（16）廉洁纪律是党的各级组织和全体党员为确保清正廉洁，在从事公务活动或者其他活动中应当遵守的廉洁用权的行为规则。《条例》分则“对违反廉洁纪律行为的处分”一章共 28 条，增写 1 条，修改 18 条。

（17）群众纪律是密切党同人民群众血肉联系的重要保证，是党的各级组织和全体党员坚持以人民为中心的发展思想和处理党群关系时必须遵守的行为规则。《条例》分则“对违反群众纪律行为的处分”一章共 8 条，修改 3 条，将 1 条纳入政治纪律。

（18）工作纪律是党的各级组织和全体党员在党的各项具体工作中必须遵守的行为规则。《条例》分则“对违反工作纪律行为的处分”一章共 20 条，增写 7 条，修改 6 条。

（19）生活纪律是党员在日常生活和社会交往中应当遵守的行为规则，涉及党员个人品德、家庭美德、社会公德等各个方面，关系着党的形象。《条例》分则“对违反生活纪律行为的处分”一章共 5 条，修改 2 条。

第二章
年度税收重点工作

>> 知识架构

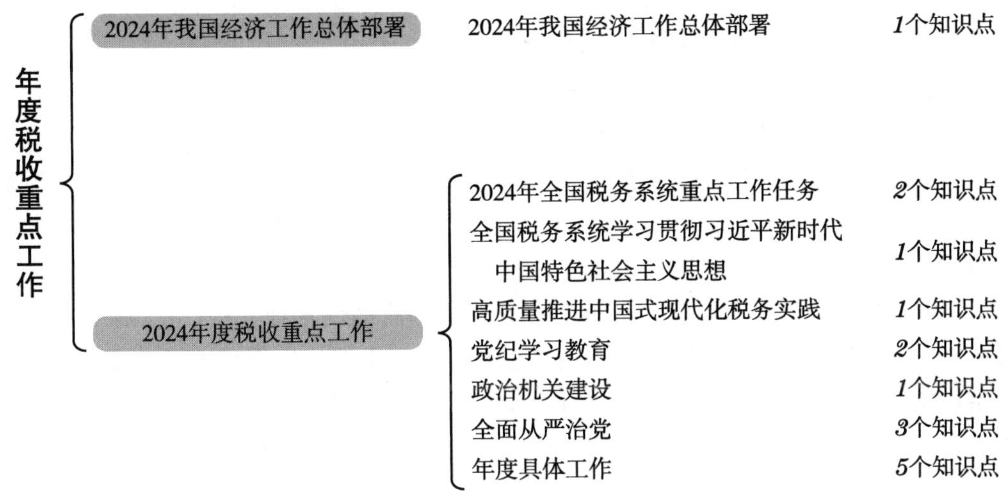

>> 第一节 2024 年我国经济工作总体部署

【知识点】2024 年我国经济工作总体部署

2023 年 12 月 11 日至 12 日，中央经济工作会议在北京举行。会议指出，进一步推动经济回升向好需要克服一些困难和挑战，主要是有效需求不足、部分行业产能过剩、社会预期偏弱、风险隐患仍然较多，国内大循环存在堵点，外部环境的复杂性、严峻性、不确定性上升。要增强忧患意识，有效应对和解决这些问题。综合起来看，我国发展面临的有利条件强于不利因素，经济回升向好、长期向好的基本趋势没有改变，要增强信心和底气。

会议强调，做好明年经济工作，要以习近平新时代中国特色社会主义思想为指导，全面贯彻落实党的二十大和二十届二中全会精神，坚持稳中求进工作总基调，完整、准确、全面贯彻新发展理念，加快构建新发展格局，着力推动高质量发展，全面深化改革开放，推动高水平科技自立自强，加大宏观调控力度，统筹扩大内需和深化供给侧结构性改革，统筹新型城镇化和乡村全面振兴，统筹高质量发展和高水平安全，切实增强经济活力、防范化解风险、改善社会预期，巩固和增强经济回升向好态势，持续推动经济实现质的有效提升和量的合理增长，增进民生福祉，保持社会稳定，以中国式现代化全面推进强国建设、民族复兴伟业。

会议要求，明年要坚持稳中求进、以进促稳、先立后破，多出有利于稳预期、稳增长、稳就业的政策，在转方式、调结构、提质量、增效益上积极进取，不断巩固稳中向好的基础。要强化宏观政策逆周期和跨周期调节，继续实施积极的财政政策和稳健的货币政策，加强政策工具创新和协调配合。

积极的财政政策要适度加力、提质增效。要用好财政政策空间，提高资金效益和政策效果。优化财政支出结构，强化国家重大战略任务财力保障。合理扩大地方政府专项债券用作资本金范围。落实好结构性减税降费政策，重点支持科技创新和制造业发展。严格转移支付资金监管，严肃财经纪律。增强财政可持续性，兜牢基层“三保”底线。严控一般性支出。党政机关要习惯过紧日子。

稳健的货币政策要灵活适度、精准有效。保持流动性合理充裕，社会融资规模、货币供应量同经济增长和价格水平预期目标相匹配。发挥好货币政策工具总量和结构双重功能，盘活存量、提升效能，引导金融机构加大对科技创新、绿色转型、普惠小微、数字经济等方面的支持力度。促进社会综合融资成本稳中有降。保持人民币汇率在合理均衡水平上的基本稳定。

要增强宏观政策取向一致性。加强财政、货币、就业、产业、区域、科技、环保等政策协调配合，把非经济性政策纳入宏观政策取向一致性评估，强化政策统筹，确保同向发力、形成合力。加强经济宣传和舆论引导，唱响中国经济光明论。

会议强调，明年要围绕推动高质量发展，突出重点，把握关键，扎实做好经济工作。一是以科技创新引领现代化产业体系建设。二是着力扩大国内需求。三是深化重点领域改革。四是扩大高水平对外开放。五是持续有效防范化解重点领域风险。六是坚持不懈抓好“三农”工作。七是推动城乡融合、区域协调发展。八是深入推进生态文明建设和绿色低碳发展。九是切实保障和改善民生。

>> 第二节 2024 年度税收重点工作

一 2024 年全国税务系统重点工作任务

【知识点 1】总体工作思路

坚持以习近平新时代中国特色社会主义思想为指导，深刻领悟“两个确立”的决定性意义，增强“四个意识”、坚定“四个自信”、做到“两个维护”，坚持加强党对税务工作的全面领导，坚持完整、准确、全面贯彻新发展理念，坚持稳中求进、以进促稳、先立后破，以建强政治机关为首要责任，以服务高质量发展为首要任务，以聚财生财并举为首要担当，以优服务强监管为有力抓手，以智慧税务建设为有力支撑，以全面从严治党为有力保障，守正创新、接续奋斗，真抓实干、善作善成，高质量推进中国式现代化税务实践，更好发挥税收在国家治理中的基础性、支柱性、保障性作用，为以中国式现代化全面推进强国建设、民族复兴伟业作出更大贡献。

【知识点2】主要工作任务

旗帜鲜明讲政治，坚定不移建强政治机关、走好第一方阵。

站位全局谋发展，坚定不移发挥和拓展提升税务部门职能作用。

牢记宗旨惠民生，坚定不移践行人民立场增进纳税人缴费人获得感。

强党治队严要求，坚定不移营造税务系统风清气正的良好政治生态。

二 全国税务系统学习贯彻习近平新时代中国特色社会主义思想

【知识点】具体要求

税务系统既有离党中央最近的“最先一公里”，也有离人民群众最近的“最后一公里”，要着力强化垂直管理，深入推进政治机关建设，把税务铁军“铁”的风范，旗帜鲜明地体现到拱卫党中央的权威上来，体现到维护人民群众的利益上来。要着力打造效能税务，深入推进税费业务建设，持续深化依法治税、以数治税、从严治税一体贯通，不断提升税费征管、便民服务、风险防范的能力和水平，坚决当好贯彻党中央决策部署的执行者、行动派、实干家。要着力构建严管体系，深入推进干部队伍建设，在从严管思想、管工作、管作风、管纪律中，推进全面从严治党与全面从严治税有机贯通，为高质量推进中国式现代化税务实践提供有力保障。

三 高质量推进中国式现代化税务实践

【知识点】国家税务总局党委书记、局长胡静林在《学习时报》发表署名文章《高质量推进中国式现代化税务实践》

1. 着力强化垂直管理，深入推进政治机关建设，在坚定拥护“两个确立”、坚决做到“两个维护”中砥砺税务忠诚

要常态化开展政治机关意识教育、对党忠诚教育，结合党纪学习教育，把坚决维护党中央权威、落实垂直管理要求等作为教育培训的重点内容，引导广大税务党员干

部始终做到旗帜鲜明讲政治。结合税务系统实际，不断完善税务机关党的政治建设制度机制，健全对税务系统各条线各领域加强垂直管理的制度措施。用好考核评价这把标尺，将贯彻落实党中央决策部署情况作为评价领导班子和领导干部政绩的基本依据。对在贯彻落实中打折扣、搞变通、不作为甚至背道而驰的，要动真碰硬予以严肃处理。

2. 着力打造效能税务，深入推进税费业务建设，在更好履行部门职责、服务高质量发展中展现税务担当

坚决当好党中央决策部署的执行者、行动派、实干家是打造效能税务的根本要求。持续深化依法治税、以数治税、从严治税是打造效能税务的基本方法。不断提升税务部门税费征管、便民服务、风险防控的能力和水平是打造效能税务的重要任务。

3. 着力构建严管体系，深入推进干部队伍建设，在坚持严的基调、严的措施、严的氛围中锻造税务铁军

从严管思想。经常对照习近平总书记阐明的“四个能不能”重要标准，即能不能坚持党的领导、能不能坚决贯彻执行党的理论和路线方针政策、能不能严守党的政治纪律和政治规矩、能不能坚持党和人民事业高于一切，强化自检自警自励，把坚定理想信念作为终身课常修常炼，切实做到忠诚于党、忠诚于人民、忠诚于党的税务事业。扎实修好共产党人的“心学”，正确对待新征程上面临的安与危、是与非、公与私、义与利、得与失等考验，进一步锤炼坚强党性，始终保持共产党人的政治本色。

从严管工作。坚持把严的要求贯穿工作始终，围绕管住关键事、管到关键处、管好关键人，抓好责任落实。要把学习贯彻习近平总书记关于税收工作的重要论述和重要指示批示精神作为“第一要事”，持续健全并深化抓落实闭环机制，着力推动不折不扣落地见效。紧盯发票管理、出口退税、税务稽查等违规违纪违法问题较为突出的重点领域，进一步加强监督治理，坚决铲除腐败滋生的土壤和条件。以更严格的标准和要求、更有力的机制和举措，强化对“关键少数”特别是“一把手”的监督制约，督促其带好头、履好职。

从严管作风。要进一步压实税务系统各级党组织特别是支部书记、纪检委员、党小组组长的日常管理监督责任，引导广大税务党员干部“勿以恶小而为之”。牢固树立实事求是、求真务实的工作作风，持续落实“四下基层”工作制度，切实为基层减负，把干部从形式主义、官僚主义的桎梏中解脱出来，把更多精力投入到税收改革发展上来。

从严管纪律。加强纪律建设是全面从严治党的治本之策。要持续对标习近平总书记重要指示精神，进一步扛牢压实责任、精心组织推动、加强督促指导、抓好统筹结合，确保税务系统党纪学习教育走深走实、见行见效。通过一级抓一级、层层抓落实，教育引导和示范带动广大税务党员干部特别是领导干部把纪律规矩挺在前面，既严于律己，又严负其责、严管所辖，实现律己与律人互促共进。坚持严管和厚爱相统一，

既严明纪律规矩，把严的基调、严的措施、严的氛围长期坚持下去，又坚持“三个区分开来”，敢于为担当者担当、为负责者负责，营造公平公正、风清气正的发展环境。以深入开展党纪学习教育为契机，坚持刀刃向内，努力把纪检队伍建设成为守纪的标杆模范，既充分发挥纪检专责监督作用，又撬动各职能部门加强对条线的监督管理，形成监督执纪更大合力。

四 党纪学习教育

参见本书第一章“五、党纪学习教育”。

五 政治机关建设

【知识点】具体要求

全国税务系统要更加紧密地团结在以习近平同志为核心的党中央周围，以坚定捍卫“两个确立”、坚决做到“两个维护”的高度自觉，弘扬伟大建党精神、持续建强政治机关。要坚持学思践悟，始终把学懂弄通做实习近平新时代中国特色社会主义思想摆在首要位置；要坚持党建引领，在倾力打造效能税务中更好发挥税收职能作用；要坚持夯基固本，充分发挥党组织战斗堡垒和党员先锋模范作用；要坚持自我革命，推动税务系统全面从严治党不断向纵深发展，引领推动广大税务党员干部更好担负职责使命，高质量推进中国式现代化税务实践，为推进强国建设、民族复兴伟业作出新的更大贡献。

六 全面从严治党

【知识点1】总体思路

以习近平新时代中国特色社会主义思想为指导，深入学习贯彻习近平总书记关于党的自我革命的重要思想，全面落实党的二十大和二十届中央纪委三次全会精神，深刻领悟“两个确立”的决定性意义，增强“四个意识”、坚定“四个自信”、做到“两个维护”，持续发力、贯通联动建强政治机关，标本兼治、系统施治一体推进“三不腐”，锲而不舍、常态长效强化纪律作风建设，对标对表、守正创新健全税务系统全面从严治党体系，引领保障中国式现代化税务实践高质量推进。

【知识点2】主要任务

要巩固拓展主题教育成果，持之以恒学深悟透习近平新时代中国特色社会主义思想；要不断强化政治监督，持之以恒推动党中央决策部署落地见效；要坚持巩固深化提升，持之以恒推动税务系统党的建设高质量发展；要一体推进“三不腐”，持之以恒深化税务系统反腐败斗争；要扎实纠“四风”树新风，持之以恒强化税务系统纪律作风建设；要深入推进税务系统纪检监察体制改革，持之以恒推动一体化综合监督体系有效运转；要加强年轻干部教育管理监督，持之以恒推动税务青年建功新时代、奋进新征程；要加强党建和纪检干部队伍建设，持之以恒做到自身清、自身正、自身硬。

【知识点3】警示教育

税务系统各级党组织和纪检机构要持续深入学习贯彻习近平总书记关于党的建设的重要思想和党的自我革命的重要思想，以党纪学习教育、配合中央巡视和巡视整改、税务系统群众身边不正之风和腐败问题集中整治为契机，持续在狠抓办案、优化治理、强化监督、深化教育上下功夫，着力推进以案为鉴、以案明责、以案示警、以案促治，以彻底的自我革命精神持续加强税务系统党风廉政建设和反腐败斗争，以更坚决态度、更有力举措，在全面从严治党中进一步推进全面从严治税，为高质量推进中国式现代化税务实践提供有力引领和坚强保障。

七 年度具体工作

【知识点1】2024 年全国第 33 个税收宣传月

我国开展税收宣传月始于 1992 年。每逢 4 月，国家税务总局紧扣党中央、国务院重大决策部署，围绕税收重点工作，集中开展全国税收宣传月活动，深入宣传税法知识、解读税费政策、倡导税收诚信。这一活动已成为纳税人缴费人自觉接受税法教育的重要课堂，也是社会各界主动了解税收、积极支持税收的重要载体。截至 2024 年，已连续开展 33 年。

国家税务总局将“税助发展　向新而进”作为 2024 年全国税收宣传月活动的主题，旨在通过统筹税务系统内外优质资源，加大税费政策效应和税收普法宣传力度，深入解读税收服务高质量发展新成效，大力推广便民办税新举措，积极构建税收普法新格局，让税费优惠红利更好地直达千家万户、让便民服务举措更好地落到千家万户、让税收法治理念更好地走进千家万户。

【知识点2】2024 年“便民办税春风行动”

2024 年国家税务总局以“持续提升效能 · 办好为民实事”为主题，紧紧围绕推动国务院“高效办成一件事”部署在税务系统落地见效，持续开展“便民办税春风行动”，集成推出系列惠民利企服务举措，进一步提高纳税人缴费人获得感、满意度。

1. 总体要求

以习近平新时代中国特色社会主义思想为指导，深入贯彻落实党的二十大精神，从纳税人缴费人视角出发，聚焦办税缴费高频事项和纳税人缴费人热点诉求，树牢主动服务意识，强化科技支撑、数字赋能，着力提升税务行政效能，全面增强税费服务的可及性、均衡性、权益性，切实做到用心用情优化税费服务、全心全意办好惠民利企实事，持续打造市场化、法治化、国际化税收营商环境，为服务高质量发展作出积极贡献。

2. 主要内容

共4方面11项措施。

（1）进一步夯实税费服务供给基础方面：持续丰富税费服务多元供给，从优化税费业务办理渠道、优化纳税缴费信用评价、优化涉税专业服务管理等方面入手，进一步夯实税费服务供给基础，推动税费服务水平实现整体提升。措施：①优化税费业务办理渠道。②优化纳税缴费信用评价。③优化涉税专业服务管理。

（2）进一步提升税费服务诉求响应方面：持续关注涉税涉费高频热点诉求，在健全工作机制高效响应纳税人缴费人诉求的同时，进一步紧贴企业群众实际需求，着力打通办税缴费堵点卡点，分类精准施策，提高涉税涉费诉求解决效率。措施：④健全诉求解决机制。⑤增强破解难题实效。

（3）进一步强化税费服务数字赋能方面：持续深化数字赋能，通过推进数据互通共享、加强数字技术运用，推动办税缴费流程优化、资料简化、成本降低，切实做到高水平优化提升税费服务。措施：⑥推进数据互通共享。⑦加强数字技术运用。

（4）进一步推进税费服务方式创新方面：持续关注纳税人缴费人精细化、场景式服务需求，创新服务方式，优化升级“跨域办”“跨境办”“批量办”“一窗办”等集成式服务场景，推动税费服务提档升级。措施：⑧推进“跨域办”。⑨推进“跨境办”。⑩推进“批量办”。⑪推进“一窗办”。

【知识点3】全国八部门联合打击涉税违法犯罪工作重点任务

各部门要坚持以习近平新时代中国特色社会主义思想为指导，持续深入学习领会习近平总书记重要指示批示精神，自觉站在坚定捍卫“两个确立”、坚决做到“两个维护”的政治高度，全面贯彻党中央、国务院决策部署，紧紧依靠各级党委、政府支持，牢牢把握好形势任务、职责定位、策略战法、工作要求，持续深化完善联合打击工作机制，依法严厉打击涉税违法犯罪行为，充分发挥保障国家税收安全、保障经济运行秩序、保障社会公平正义的职能作用，持续提升八部门联合打击涉税违法犯罪工作质效，更好营造法治环境，更好服务高质量发展，为推进国家治理体系和治理能力现代化作出新的更大贡献。

【知识点4】2024年助力小微经营主体发展“春雨润苗”专项行动

为深入贯彻落实党的二十大和全国两会精神，巩固拓展主题教育成果，持续优化小微经营主体税费服务，聚焦落实国务院推动“高效办成一件事”部署要求，推进“便民办税春风行动”走深走实，促进民营经济发展壮大，国家税务总局与全国工商联决定，联合开展2024年助力小微经营主体发展“春雨润苗”专项行动（以下简称“春雨润苗”行动）。

1. 总体要求

2024年“春雨润苗”行动以习近平新时代中国特色社会主义思想为指导，以着力推动小微企业和个体工商户等小微经营主体高质量发展为重点，聚焦经营主体关切，围绕“惠达小微　助稳向好”主题，强化部门之间、系统上下的协同联动，推进各项税费政策和创新服务举措及时惠及小微经营主体，持续助力其增强信心底气、走稳发展步伐。

2. 行动安排

在延续并深化以往三年“春雨润苗”行动10大类系列活动36项服务措施基础上，2024年重点推出12项服务措施。各级税务机关和工商联按照总体设计、层层分解、分工协作、持续推进的原则具体实施。

3. 服务措施

（1）面向新办主体，做好开业辅导。

（2）优化自助布局，提升办理体验。

（3）深化征纳互动，推进通办快办。

（4）发掘优质主体，完善梯度培育。

（5）聚焦重点行业，落实全程服务。

（6）关注重点群体，暖心精准帮扶。

（7）增强税企沟通，推动深层交流。

（8）加强诉求分析，提升响应质效。

（9）协同下沉服务，打造共治格局。

（10）细化三方协作，增进双向体验。

（11）探索多元联动，提速矛盾化解。

（12）规范涉税服务，促进行业发展。

4. 工作要求

（1）加强组织领导，统筹协同推进。各级税务机关和工商联要切实加强组织领导，强化协同配合，制定好本地实施方案，细化服务措施和责任分工，进一步完善配套机制，确保各项工作有序推进。同时，各级税务机关要做好2024年“春雨润苗”行动与

“便民办税春风行动”的关联统筹，为高质量推进中国式现代化税务实践贡献力量。

（2）发掘创新亮点，积极总结推广。各级税务机关和工商联要勇于守正创新、精于发掘亮点，在深耕常态化措施、打造特色化措施的同时，积极探索开展创新举措的总结推广。

（3）持续做好宣传，营造良好氛围。各级税务机关和工商联要总结好阶段性、创新性工作成果，做好经验提炼和案例归集，并有序有力有度开展好行动宣传，不断提升行动成效。

【知识点5】新时代“枫桥式”税务所（分局、办税服务厅）建设

1. 工作原则

问题导向、系统观念、因地制宜、守正创新。

2. 工作机制

总局主导、省局主推、市局主责、县局主建、所厅（分局）主创。

3. 建设路径

政治统领、法治保障、智治支撑、共治聚力、严治强基。

4. 重点任务

党建引领、依法治税、税费服务、矛盾化解、队伍建设。

第三章
主要税费及相关法律知识

>> 知识架构

- 主要税费及相关法律知识
  - 税收概论
    - 税收的概念及分类 6个知识点
    - 税制构成要素 7个知识点
  - 主要税费政策与管理
    - 增值税 8个知识点
    - 消费税 4个知识点
    - 企业所得税 6个知识点
    - 个人所得税 7个知识点
    - 土地增值税 6个知识点
    - 车辆购置税 1个知识点
    - 资源税 1个知识点
    - 印花税 1个知识点
    - 房产税 1个知识点
    - 车船税 1个知识点
    - 环境保护税 1个知识点
    - 契税 1个知识点
    - 城镇土地使用税 1个知识点
    - 耕地占用税 1个知识点
    - 烟叶税 1个知识点
    - 城市维护建设税 1个知识点
    - 社会保险费 5个知识点
    - 非税收入 7个知识点
  - 深化税收征管改革 8个知识点
  - 纳税服务
    - 纳税服务理念 4个知识点
    - 纳税服务内容 12个知识点
  - 税收相关法律知识
    - 税务行政法律关系与税务行政行为 6个知识点
    - 优化税务执法方式 全面推行“三项制度” 3个知识点
    - 税务行政许可 3个知识点
    - 税务行政处罚 4个知识点
    - 税务行政强制 4个知识点
    - 涉税犯罪类型 2个知识点
    - 危害税收征管罪 5个知识点
    - 涉嫌危害税收征管犯罪案件的移送 3个知识点
    - 税务行政复议 5个知识点
    - 税务行政应诉 7个知识点
    - 税务行政赔偿 5个知识点
    - 税务职务犯罪及其刑事法律责任 4个知识点

>> 第一节 税收概论

一 税收的概念及分类

【知识点 1】税收的概念

税收是国家为了满足社会公共需要，凭借政治权力，强制、无偿、固定地参与社会剩余产品分配，以取得财政收入所形成的一种特殊分配关系。

税收是国家公共财政最主要的收入形式和来源。

税收在国家治理中发挥着基础性、支柱性、保障性作用。

【知识点 2】按征税对象分类

按征税对象不同，税收可以划分为货物与劳务税、所得税、财产税、行为目的税和资源环境税。

1. 货物与劳务税

货物与劳务税，是指在生产、流通及服务领域中，以销售商品或提供劳务而取得的销售收入额或营业收入额为征税对象的各税种，如增值税、消费税等。

2. 所得税

所得税即应纳税所得额，是指以所得额为征税对象的各税种，如企业所得税，个人所得税等。所得额，是指法人或自然人在一定期间内提供劳务、销售货物、转让各项财产或权利、进行投资、接受捐赠和其他方面取得的所得等应税收入，减除在纳税期间依法允许减除的各种支出后的余额。

3. 财产税

财产税，是指以各种财产为征税对象的各税种，如房产税、车船税等。

4. 行为目的税

行为目的税，是指为达到特定目的，对特定对象和行为发挥调节作用而征收的各税种，如城市维护建设税、耕地占用税等。

5. 资源环境税

资源环境税，是指对特定自然资源开发和污染排放征收的各税种，如资源税、环境保护税等。

【知识点3】按计税依据分类

按计税依据不同，税收可以分为从量税与从价税。

1. 从量税

从量税，是指以征税对象的自然计量单位（重量、面积、件数等）为依据，按固定税额计征的税收。从量税实行定额税率，计算简便。

2. 从价税

从价税，是指以征税对象的价值量为依据，按一定比例计征的税收。从价税实行比例税率和累进税率，税收负担比较合理。

【知识点4】按税收与价格关系分类

按税收与价格关系不同，税收可分为价内税与价外税。

1. 价内税

价内税，是指税款包含在应税商品价格内，作为商品价格组成部分的税收，如消费税。

2. 价外税

价外税，是指税款独立于商品价格之外，不作为商品价格的组成部分的税收，如增值税。

【知识点5】按税收管理和支配权限的归属分类

按税收管理和支配权限的归属不同，税收可分为中央税、地方税、中央与地方共享税。

1. 中央税

中央税，是指由中央政府征收和管理使用或由地方政府征收后全部划归中央政府所有并支配使用的税收，如船舶吨税、消费税、车辆购置税等。

2. 地方税

地方税，是指由地方政府征收和管理使用的税收，如房产税、城镇土地使用税、环境保护税等。

3. 中央与地方共享税

中央与地方共享税，是指税收的管理权和使用权属中央政府和地方政府共同拥有的税收，如企业所得税、个人所得税、城市维护建设税、印花税、资源税、增值税（不含海关代征的增值税）。

【知识点6】按税收负担是否易于转嫁分类

按税收负担是否易于转嫁，税收可分为直接税与间接税。

1. 直接税

直接税，是指税负不易转嫁，由纳税主体直接承担税负的税收，即纳税人与负税人为同一人，如企业所得税、个人所得税。

2. 间接税

间接税，是指纳税主体通过一定方式，将缴纳税收的部分或全部转嫁给他人负担的税收，如增值税。

二 税制构成要素

税制构成要素一般包括：纳税人、征税对象、税目、税率、计税依据、纳税环节、纳税期限、纳税地点、税收优惠和法律责任等要素。其中纳税人、征税对象、税率是构成税制的3个基本要素。

【知识点1】纳税人

纳税人又称纳税义务人，是指税法规定的直接负有纳税义务的单位和个人。

税收实践中还要注意区别以下与纳税人相关的概念：

（1）负税人。负税人，是指实际负担税款的单位和个人。纳税人与负税人的区别在于：负税人是经济学中的概念，即税收的实际负担者；而纳税人是法律用语，即依法缴纳税收的人。纳税人如果能够通过一定途径把税款转嫁或转移出去，纳税人就不再是负税人。税法只规定纳税人，不规定负税人。二者有时可能相同，有时不尽相同。

（2）扣缴义务人。扣缴义务人，是指法律、行政法规规定负有代扣代缴、代收代缴税款义务的单位和个人。扣缴义务人既非纯粹意义上的纳税人，也非实际负担税款的负税人，只是负有代为扣税并缴纳税款法定职责的义务人。如《中华人民共和国个人所得税法》明确规定，个人所得税，以所得人为纳税人，以支付所得的单位或者个人为扣缴义务人。

【知识点2】征税对象

征税对象又称征税客体，是指税法规定对什么征税。征税对象是各个税种之间相互区别的根本标志，不同的征税对象构成不同的税种。

与征税对象相关的基本概念有以下2个：

（1）计税依据。计税依据又称税基，是指计算应纳税额的依据或标准。征税对象是从质的方面对征税的规定，即对什么征税；计税依据则是从量的方面对征税的规定，即如何计量。有些税的征税对象和计税依据是一致的，如所得税的征税对象和计税依据均为所得额。有些税的征税对象和计税依据是不一致的，如房产税，征税对象是房产，计税依据是房产计税余值或房产租金收入。

（2）税目。税目是征税对象的具体化，也是各个税种所规定的具体征税项目。税目反映征税的范围，代表征税的广度。

税目的制定一般采用列举法和概括法。划分税目的主要目的是进一步明确征税范围，解决征税对象的归类问题。

【知识点3】税率

税率是应纳税额与计税依据之间的数量关系或比例，是计算税额的尺度。其体现征税的深度，是国家在一定时期内税收政策的主要表现形式，也是税收制度的核心要素。

税率主要有比例税率、累进税率和定额税率3种基本形式。

1. 比例税率

比例税率，是指对同一征税对象或同一税目的计税依据不论数额大小，都按同一比例征税，税额占计税依据的比例总是相同的。比例税率的优点是具有横向公平性，计算简便，便于征收和缴纳。

2. 累进税率

累进税率，是指按征税对象计税依据的大小规定不同的等级，随着计税依据数量增大而随之提高的税率。累进税率的特点是税基越大，税率越高，税负呈累进趋势，比较符合公平原则。

3. 定额税率

定额税率又称固定税率，是指按征税对象的计量单位直接规定应纳税额的税率形式，征税对象的计量单位主要有吨、升、平方米、千立方米、辆等。定额税率的基本特点是，税收与征税对象数量紧密相关，而与征税对象的价值量无关。

【知识点4】纳税环节

纳税环节，是指税法规定的征税对象在从生产到消费的流转过程中应当缴纳税款的环节。任何税种都要确定纳税环节。按照纳税环节的多少，税收课征制度可以分为一次课征制和多次课征制。

【知识点5】纳税期限

纳税期限，是指纳税人向国家缴纳税款的法定期限。我国现行税制的纳税期限有三种形式：①按期纳税；②按次纳税；③按年计征，分期预缴或缴纳。无论采取哪种形式，如纳税期限的最后一天是法定节假日，或期限内有连续 3 日以上的法定节假日，都可以顺延。

【知识点 6】纳税地点

纳税地点，是指纳税人具体申报缴纳税款的地点。纳税地点一般为纳税人的住所地，也有规定在营业地、财产所在地或特定行为发生地。

【知识点 7】税收优惠

税收优惠，是指税法对某些特定的纳税人或征税对象给予鼓励和照顾的一种免除规定，包括减免税、税收抵免等多种形式。税收优惠按照优惠目的通常可以分为照顾性和鼓励性两种；按照优惠范围可以分为区域性和产业性两种。

1. 减税和免税

减税是对应纳税款少征一部分税款；免税是对应纳税款全部免征。减免税的基本形式主要有三种：①税基式减免；②税率式减免；③税额式减免。

2. 起征点和免征额

起征点是税法规定对征税对象开始征税的起点数额。征税对象数额达到起征点的，对征税对象全部数额按规定的税率计算缴税；未达到起征点的免予征税。

免征额是税法规定的征税对象全部数额中免予征税的数额。

>> 第二节 主要税费政策与管理

一 增值税

【知识点 1】纳税人

增值税是以单位和个人生产经营过程中取得的增值额为课税对象征收的一种税。

按会计核算水平和经营规模，增值税纳税人分为一般纳税人和小规模纳税人两类。一般纳税人包括：

（1）年应税销售额超过规定标准的纳税人。年应税销售额即纳税人在连续不超过 12 个月或 4 个季度的经营期内累计应征增值税销售额，包括：纳税申报销售额、稽查查补销售额、纳税评估调整销售额。其中稽查查补销售额和纳税评估调整销售额计入查补税款申报当月的销售额，以界定增值税小规模纳税人年应税销售额。

自2018年5月1起，年应税销售额标准统一为500万元（不再划分行业）。

（2）年应税销售额未超过规定标准的纳税人，会计核算健全能够提供准确税务资料的，可以向主管税务机关申请办理一般纳税人资格登记，成为一般纳税人。

小规模纳税人，是指年销售额在规定标准以下，并且会计核算不健全，不能按规定报送有关税务资料的纳税人。年应税销售额超过小规模纳税人标准的其他个人按小规模纳税人纳税；年应税销售额超过规定标准但不经常发生应税行为的单位和个体工商户，以及非企业性单位，不经常发生应税行为的企业，可选择按照小规模纳税人纳税。

【知识点2】征税范围

（1）销售货物，是指有偿转让货物的所有权。货物是指有形动产，包括电力、热力、气体。

（2）销售劳务，是指有偿提供加工、修理修配劳务。

（3）销售服务，是指有偿提供交通运输服务、邮政服务、电信服务、建筑服务、金融服务、现代服务、生活服务。

（4）销售无形资产，是指有偿转让无形资产所有权或者使用权的业务活动。无形资产，是指不具实物形态，但能带来经济利益的资产，包括技术、商标、著作权、商誉、自然资源使用权和其他权益性无形资产。技术，包括专利技术和非专利技术。

（5）销售不动产，是指有偿转让不动产所有权的业务活动。不动产是指不能移动或者移动后会引起性质、形状改变的财产，包括建筑物、构筑物等。

（6）进口货物，是指申报进入我国海关境内的货物。只要是报关进口的货物，均属于增值税征税范围，在进口环节缴纳增值税（享受免税政策的货物除外）。

【知识点3】税率和征收率

1. 税率

（1）适用13%税率。增值税一般纳税人销售或者进口货物，提供应税劳务，除适用9%的税率外，税率一律适用13%；增值税一般纳税人提供有形动产租赁服务适用13%税率。

（2）适用9%税率。

①纳税人销售或者进口下列货物税率为9%：农产品（含粮食）、自来水、暖气、石油液化气、天然气、食用植物油、冷气、热水、煤气、居民用煤炭制品、食用盐、农机、饲料、农药、农膜、化肥、沼气、二甲醚、图书、报纸、杂志、音像制品、电

子出版物。

②纳税人发生下列应税行为，税率为9%：提供交通运输、邮政、基础电信、建筑、不动产租赁服务，销售不动产，转让土地使用权。

（3）适用6%税率。增值税一般纳税人发生下列应税行为，税率为6%：提供增值电信服务、金融服务、现代服务（不包括有形动产租赁服务、不动产租赁服务）、生活服务，销售无形资产（不包括转让土地使用权）。

（4）零税率。纳税人出口货物税率为零。国务院另有规定的除外。

境内单位和个人发生的跨境应税行为，税率为零。具体范围由财政部和国家税务总局另行规定。

2. 小规模纳税人的征收率

小规模纳税人法定征收率为3%，但财政部和国家税务总局另有规定的除外。

（1）小规模纳税人转让其取得的不动产，按照5%的征收率计算应纳税额。

（2）小规模纳税人出租其取得的不动产，按照5%的征收率计算应纳税额。其中个人（含个体工商户）出租住房，按照5%的征收率减按1.5%计算应纳税额。

（3）小规模纳税人提供劳务派遣服务，以取得的全部价款和价外费用为销售额，按照简易计税方法按3%的征收率计算应纳税额；也可以选择差额纳税，以取得的全部价款和价外费用，扣除代用工单位支付给劳务派遣员工的工资、福利和为其办理社会保险及住房公积金后的余额为销售额，按照简易计税方法按5%的征收率计算应纳税额。

自2023年1月1日至2027年12月31日，增值税小规模纳税人适用3%征收率的应税销售收入，减按1%征收率征收增值税；适用3%预征率的预缴增值税项目，减按1%预征率预缴增值税。

【知识点4】计税方法

1. 一般计税方法和简易计税方法

（1）一般计税方法。一般计税方法适用于增值税一般纳税人。

采用一般计税方法计税的，应纳税额为当期销项税额抵扣当期进项税额后的余额。

应纳税额计算公式为：

$$应纳税额 = 当期销项税额 - 当期进项税额$$

$$销项税额 = 不含税销售额 \times 税率 = 含税销售额 \div (1 + 税率) \times 税率$$

当期销项税额小于当期进项税额不足抵扣时，其不足部分可以结转下期继续抵扣或申请退税（需符合条件）。

（2）简易计税方法。简易计税方法适用于小规模纳税人和一般纳税人选择或适用简易计税的项目。

采用简易计税方法计税的，按照销售额和增值税征收率计算的增值税额，不得抵扣进项税额。

应纳税额计算公式为：

应纳税额 = 不含税销售额 × 征收率 = 含税销售额 ÷ (1 + 征收率) × 征收率

2. 销售额确定

纳税人销售货物或者应税劳务销售额为向购买方收取的全部价款和价外费用，但是不包括收取的增值税。

价外费用包括价外向购买方收取的手续费、补贴、基金、集资费、返还利润、奖励费、违约金、滞纳金、延期付款利息、赔偿金、代收款项、代垫款项、包装费、包装物租金、储备费、优质费、运输装卸费及其他各种性质的价外收费。但下列项目不包括在内：

（1）受托加工应征消费税的消费品所代收代缴的消费税。

（2）符合条件的代垫运输费用。

（3）符合条件的代为收取的政府性基金或者行政事业性收费。

（4）销售货物的同时代办保险等向购买方收取的保险费，以及向购买方收取的代购买方缴纳的车辆购置税、车辆牌照费。

3. 进项税额

（1）准予抵扣的进项税额。

进项税额，是指纳税人购进货物、应税劳务、服务、无形资产或者不动产，支付或者负担的增值税额。准予从销项税额中抵扣的进项税额包括：

①从销售方取得的增值税专用发票（含税控机动车销售统一发票）上注明的增值税额。

②从海关取得的海关进口增值税专用缴款书上注明的增值税额。

③购进农产品准予抵扣的进项税额。

A. 自 2019 年 4 月 1 日起，纳税人购进农产品，按照 9% 的扣除率计算抵扣进项税额。纳税人购进用于生产销售或委托加工 13% 税率货物的农产品，按照 10% 的扣除率计算抵扣进项税额。

B. 自 2012 年 7 月 1 日起，以购进农产品为原料生产销售液体乳及乳制品、酒及酒精、植物油的增值税一般纳税人，其购进农产品无论是否用于生产上述产品，购进农产品增值税进项税额实施核定扣除办法。

④自 2018 年 1 月 1 日起，纳税人支付的道路、桥、闸通行费按照以下规定抵扣进项税额：

A. 纳税人支付的道路通行费，按照收费公路通行费增值税电子普通发票上注明的增值税额抵扣进项税额。

B. 纳税人支付的桥、闸通行费，暂凭取得的通行费发票上注明的收费金额按照下列公式计算可抵扣的进项税额：

桥、闸通行费可抵扣进项税额＝桥、闸通行费发票上注明的金额÷(1＋5%)×5%

⑤从境外单位或者个人购进劳务、服务、无形资产或者不动产，自税务机关或者扣缴义务人取得的解缴税款的完税凭证上注明的增值税额。

纳税人凭完税凭证抵扣进项税额的，应当具备书面合同、付款证明和境外单位的对账单或者发票。资料不全的，其进项税额不得从销项税额中抵扣。

⑥纳税人购进国内旅客运输服务的抵扣。

纳税人未取得增值税专用发票的，暂按照以下规定确定进项税额：

A. 取得增值税电子普通发票的，为发票上注明的税额。

B. 取得注明旅客身份信息的航空运输电子客票行程单的，按照下列公式计算进项税额：

航空旅客运输进项税额＝(票价＋燃油附加费)÷(1＋9%)×9%

C. 取得注明旅客身份信息的铁路车票的，按照下列公式计算进项税额：

铁路旅客运输进项税额＝票面金额÷(1＋9%)×9%

D. 取得注明旅客身份信息的公路、水路等其他客票的，按照下列公式计算进项税额：

公路、水路等其他旅客运输进项税额＝票面金额÷(1＋3%)×3%

⑦不动产进项税额的抵扣。

自 2019 年 4 月 1 日起，纳税人取得不动产或者不动产在建工程的进项税额不再分 2 年抵扣。此前按照规定尚未抵扣完毕的待抵扣进项税额，可自 2019 年 4 月税款所属期起从销项税额中抵扣。

⑧进项税额的加计抵减。

A. 自 2019 年 4 月 1 日至 2022 年 12 月 31 日，允许生产、生活性服务业纳税人按照当期可抵扣进项税额加计 10%，抵减应纳税额。

B. 自 2019 年 10 月 1 日至 2022 年 12 月 31 日，允许生活性服务业纳税人按照当期可抵扣进项税额加计 15%，抵减应纳税额。

C. 自 2023 年 1 月 1 日至 2023 年 12 月 31 日，生产、生活性服务业增值税加计抵减政策按照以下规定执行：

a. 允许生产性服务业纳税人按照当期可抵扣进项税额加计 5% 抵减应纳税额。

b. 允许生活性服务业纳税人按照当期可抵扣进项税额加计 10% 抵减应纳税额。

生产性服务业纳税人，是指提供邮政服务、电信服务、现代服务、生活服务取得的销售额占全部销售额的比重超过 50% 的纳税人。

生活性服务业纳税人，是指提供生活服务取得的销售额占全部销售额的比重超过 50% 的纳税人。

四项服务的具体范围按照《销售服务、无形资产、不动产注释》（财税〔2016〕36 号印发）执行。

D. 自 2023 年 1 月 1 日至 2027 年 12 月 31 日，允许先进制造业企业按照当期可抵扣进项税额加计 5% 抵减应纳增值税税额。

上述先进制造业企业是指高新技术企业（含所属的非法人分支机构）中的制造业一般纳税人，高新技术企业是指按照《科技部　财政部　国家税务总局关于修订印发〈高新技术企业认定管理办法〉的通知》（国科发火〔2016〕32 号）规定认定的高新技术企业。先进制造业企业具体名单，由各省、自治区、直辖市、计划单列市工业和信息化部门会同同级科技、财政、税务部门确定。

E. 自 2023 年 1 月 1 日至 2027 年 12 月 31 日，允许集成电路设计、生产、封测、装备、材料企业（以下称集成电路企业），按照当期可抵扣进行税额加计 15% 抵减应纳增值税税额。

F. 自 2023 年 1 月 1 日至 2027 年 12 月 31 日，符合条件的工业母机企业，可以享受增值税 15% 加计抵减优惠。

（2）不予抵扣的进项税额。

纳税人取得的增值税扣税凭证不符合法律、行政法规或者国家税务总局有关规定的，其进项税额不得从销项税额中抵扣。除此之外，一般纳税人发生下列项目的进项税额不得从销项税额中抵扣：

①用于简易计税方法计税项目、免征增值税项目、集体福利或者个人消费的购进货物、加工修理修配劳务、服务、无形资产和不动产。其中涉及的固定资产、无形资产、不动产，仅指专用于上述项目的固定资产、无形资产（不包括其他权益性无形资产）、不动产。纳税人的交际应酬消费属于个人消费。

②非正常损失的购进货物，以及相关的加工修理修配劳务和交通运输服务。

③非正常损失的在产品、产成品所耗用的购进货物（不包括固定资产）、加工修理修配劳务和交通运输服务。

④非正常损失的不动产，以及该不动产所耗用的购进货物、设计服务和建筑服务。

⑤非正常损失的不动产在建工程所耗用的购进货物、设计服务和建筑服务。

⑥购进的贷款服务、餐饮服务、居民日常服务和娱乐服务。

⑦财政部和国家税务总局规定的其他情形。

【知识点 5】小规模纳税人税收优惠

自 2023 年 1 月 1 日至 2027 年 12 月 31 日，增值税小规模纳税人发生增值税应税销售行为，合计月销售额未超过 10 万元（以 1 个季度为 1 个纳税期的，季度销售额未超过 30 万元，下同）的，免征增值税。

小规模纳税人发生增值税应税销售行为，合计月销售额超过 10 万元，但扣除本期发生的销售不动产的销售额后未超过 10 万元的，其销售货物、劳务、服务、无形资产取得的销售额免征增值税。

【知识点6】留抵税额退税制度

1. 自2019年4月1日起，试行增值税期末留抵税额退税制度

（1）同时符合以下条件的纳税人，可以向主管税务机关申请退还增量留抵税额：

①自2019年4月税款所属期起，连续6个月（按季纳税的，连续两个季度）增量留抵税额均大于0，且第6个月增量留抵税额不低于50万元；

②纳税信用等级为A级或者B级；

③申请退税前36个月未发生骗取留抵退税、出口退税或虚开增值税专用发票情形的；

④申请退税前36个月未因偷税被税务机关处罚两次及以上的；

⑤自2019年4月1日起未享受即征即退、先征后返（退）政策的。

（2）增量留抵税额，是指与2019年3月底相比新增加的期末留抵税额。

（3）纳税人当期允许退还的增量留抵税额，按照下列公式计算：

允许退还的增量留抵税额 = 增量留抵税额 × 进项构成比例 ×60%

进项构成比例，为2019年4月至申请退税前一税款所属期内已抵扣的增值税专用发票（含税控机动车销售统一发票）、海关进口增值税专用缴款书、解缴税款完税凭证注明的增值税额占同期全部已抵扣进项税额的比重。

2. 部分先进制造业纳税人增值税期末留抵税额退税制度

自2019年6月1日起，符合条件的部分先进制造业纳税人，可以自2019年7月及以后纳税申报期向主管税务机关申请退还增量留抵税额，计算公式为：

允许退还的增量留抵税额 = 增量留抵税额 × 进项构成比例

2019年6月1日起，部分先进制造业纳税人，是指按照《国民经济行业分类》，生产并销售“非金属矿物制品”“通用设备”“专用设备”“计算机、通信和其他电子设备”销售额占全部销售额的比重超过50%的纳税人。2021年4月1日起，部分先进制造业纳税人是指按照《国民经济行业分类》，生产并销售“非金属矿物制品”“通用设备”“专用设备”“计算机、通信和其他电子设备”“医药”“化学纤维”“铁路、船舶、航空航天和其他运输设备”“电气机械和器材”“仪器仪表”销售额占全部销售额的比重超过50%的纳税人。

3. 大规模增值税期末留抵退税政策

（1）符合条件的小微企业，可以自2022年4月纳税申报期起至2022年12月31日向主管税务机关申请退还增量留抵税额。其中符合条件的微型企业，可以自2022年4月纳税申报期起向主管税务机关申请一次性退还存量留抵税额；符合条件的小型企业，可以自2022年5月纳税申报期起向主管税务机关申请一次性退还存量留抵税额。

（2）符合条件的制造业等行业企业，可以自2022年4月纳税申报期起向主管税务机关申请退还增量留抵税额。其中符合条件的制造业等行业中型企业，可以自2022年5月纳税申报期起向主管税务机关申请一次性退还存量留抵税额；符合条件的制造业等行业大型企业，可以自2022年6月纳税申报期起向主管税务机关申请一次性退还存量留抵税额。

符合条件的制造业等行业企业包括“制造业”“科学研究和技术服务业”“电力、热力、燃气及水生产和供应业”“软件和信息技术服务业”“生态保护和环境治理业”和“交通运输、仓储和邮政业”企业（含个体工商户）。

（3）符合条件的批发零售业等行业企业，可以自2022年7月纳税申报期起向主管税务机关申请退还增量留抵税额。其中符合条件的批发零售业等行业企业，可以自2022年7月纳税申报期起向主管税务机关申请一次性退还存量留抵税额。

符合条件批发零售业等行业企业包括“批发和零售业”“农、林、牧、渔业”“住宿和餐饮业”“居民服务、修理和其他服务业”“教育”“卫生和社会工作”和“文化、体育和娱乐业”企业（含个体工商户）。

（4）纳税人享受退税需同时符合以下条件：

①纳税信用等级为A级或者B级；

②申请退税前36个月未发生骗取留抵退税、骗取出口退税或虚开增值税专用发票情形；

③申请退税前36个月未因偷税被税务机关处罚两次及以上；

④2019年4月1日起未享受即征即退、先征后返（退）政策。

（5）增量留抵税额和存量留抵税额的确定。

增量留抵税额，区分以下情形确定：纳税人获得一次性存量留抵退税前，增量留抵税额为当期期末留抵税额与2019年3月31日相比新增加的留抵税额。纳税人获得一次性存量留抵退税后，增量留抵税额为当期期末留抵税额。

存量留抵税额，区分以下情形确定：纳税人获得一次性存量留抵退税前，当期期末留抵税额大于或等于2019年3月31日期末留抵税额的，存量留抵税额为2019年3月31日期末留抵税额；当期期末留抵税额小于2019年3月31日期末留抵税额的，存量留抵税额为当期期末留抵税额。纳税人获得一次性存量留抵退税后，存量留抵税额为零。

（6）纳税人按照下列公式计算允许退还的留抵税额：

允许退还的增量留抵税额＝增量留抵税额×进项构成比例×100%

允许退还的存量留抵税额＝存量留抵税额×进项构成比例×100%

进项构成比例，为2019年4月至申请退税前一税款所属期已抵扣的增值税专用发票（含带有“增值税专用发票”字样全面数字化的电子发票、税控机动车销售统一发票）、收费公路通行费增值税电子普通发票、海关进口增值税专用缴款书、解缴税款完税凭证注明的增值税税额占同期全部已抵扣进项税额的比重。

（7）纳税人出口货物劳务、发生跨境应税行为，适用免抵退税办法的，应先办理免抵退税。免抵退税办理完毕后，仍符合规定条件的，可以申请退还留抵税额；适用免退税办法的，相关进项税额不得用于退还留抵税额。

纳税人自 2019 年 4 月 1 日起已取得留抵退税款的，不得再申请享受增值税即征即退、先征后返（退）政策。纳税人可以在 2022 年 10 月 31 日前一次性将已取得的留抵退税款全部缴回后，按规定申请享受增值税即征即退、先征后返（退）政策。

纳税人自 2019 年 4 月 1 日起已享受增值税即征即退、先征后返（退）政策的，可以在 2022 年 10 月 31 日前一次性将已退还的增值税即征即退、先征后返（退）税款全部缴回后，按规定申请退还留抵税额。

纳税人可以选择向主管税务机关申请留抵退税，也可以选择结转下期继续抵扣。纳税人应在纳税申报期内，完成当期增值税纳税申报后申请留抵退税。2022 年 4 月至 7 月的留抵退税申请时间，延长至每月最后一个工作日。

（8）对购买使用进口煤炭的燃煤发电企业，符合《财政部 税务总局关于进一步加大增值税期末留抵退税政策实施力度的公告》（财政部 税务总局公告 2022 年第 14 号）规定的，在纳税人自愿申请的基础上，进一步加快留抵退税办理进度，规范高效便捷为其办理留抵退税。

【知识点 7】资源回收企业向自然人报废产品出售者“反向开票”

（1）自 2024 年 4 月 29 日起，自然人报废产品出售者（以下简称出售者）向资源回收企业销售报废产品，符合条件的资源回收企业可以向出售者开具发票（反向开票）。

报废产品，是指在社会生产和生活消费过程中产生的，已经失去原有全部或部分使用价值的产品。

出售者，是指销售自己使用过的报废产品或销售收购的报废产品、连续不超过 12 个月（指自然月，下同）“反向开票”累计销售额不超过 500 万元（不含增值税，下同）的自然人。

（2）实行“反向开票”的资源回收企业（包括单位和个体工商户，下同），应当符合以下三项条件之一，且实际从事资源回收业务：

①从事危险废物收集的，应当符合国家危险废物经营许可证管理办法的要求，取得危险废物经营许可证；

②从事报废机动车回收的，应当符合国家商务主管部门出台的报废机动车回收管理办法要求，取得报废机动车回收拆解企业资质认定证书；

③除危险废物、报废机动车外，其他资源回收企业应当符合国家商务主管部门出

台的再生资源回收管理办法要求，进行经营主体登记，并在商务部门完成再生资源回收经营者备案。

（3）自然人销售报废产品连续12个月“反向开票”累计销售额超过500万元的，资源回收企业不得再向其“反向开票”。资源回收企业应当引导持续从事报废产品出售业务的自然人依法办理经营主体登记，按照规定自行开具发票。

（4）出售者通过“反向开票”销售报废产品，可按规定享受小规模纳税人月销售额10万元以下免征增值税和3%征收率减按1%计算缴纳增值税等税费优惠政策。后续如小规模纳税人相关税费优惠政策调整，按照调整后的政策执行。

出售者通过“反向开票”销售报废产品，当月销售额超过10万元的，对其“反向开票”的资源回收企业，应当根据当月各自“反向开票”的金额为出售者代办增值税及附加税费申报，并按规定缴纳代办税费。

（5）出售者通过“反向开票”销售报废产品，按照销售额的0.5%预缴经营所得个人所得税。

【知识点8】增值税发票

发票是指在购销商品、提供或者接受服务以及从事其他经营活动中，开具、收取的收付款凭证。发票包括纸质发票和电子发票。电子发票与纸质发票具有同等法律效力。目前，增值税发票的种类如图3－1所示。

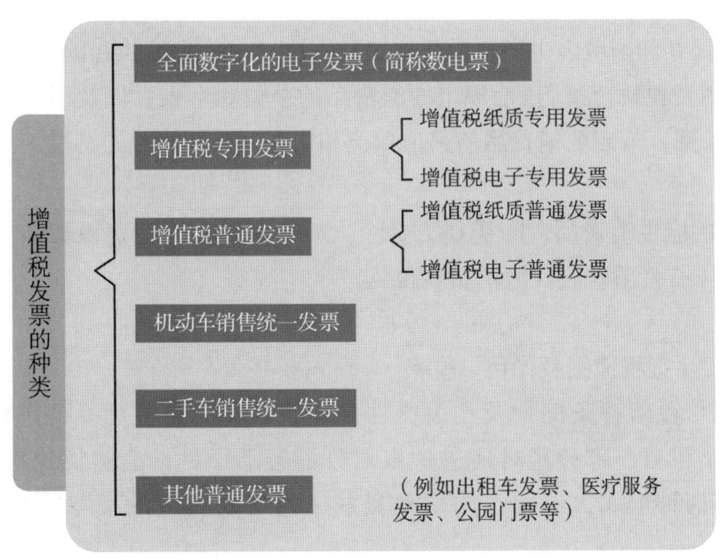

图3－1 增值税发票的种类

数电票：目前主要包括电子发票（增值税专用发票）、电子发票（普通发票），是全面数字化的发票，是与纸质发票具有同等法律效力的全新发票，不以纸质形式存在、不用介质支撑、不需申请领用。电子发票将纸质发票的票面信息全面数字化，通过标签管理将多个票种集成归并为电子发票单一票种，设立税务数字账户，实现全国统一赋码、智能赋予发票开具金额总额度、自动流转交付。

增值税专用发票（包括增值税纸质专用发票和增值税电子专用发票）：增值税纸质专用发票由国家税务总局监制，分为三联和六联两种。第一联为记账联，是销售方记账凭证；第二联为抵扣联，是购买方扣税凭证；第三联为发票联，是购买方记账凭证；其他联次用途由纳税人自行确定。增值税电子专用发票由各省税务局监制，采用电子签名代替发票专用章，无联次。

增值税普通发票（包括增值税纸质普通发票、增值税电子普通发票）：增值税普通发票均由各省税务局监制。增值税纸质普通发票包括折叠票和卷票，其中折叠票分为两联和五联两种。第一联为记账联，是销售方记账凭证；第二联为发票联，是购买方记账凭证；其他联次用途由纳税人自行确定。卷票分为 57mm × 177. 8mm 和 76mm × 177. 8mm 两种规格，均为单联。增值税电子普通发票无联次。

二 消费税

【知识点 1】纳税人与扣缴义务人

1. 纳税人

在中华人民共和国境内生产、委托加工和进口《中华人民共和国消费税暂行条例》（以下简称《消费税暂行条例》）规定的消费品的单位和个人，以及国务院确定的销售《消费税暂行条例》规定的消费品的其他单位和个人，为消费税的纳税人。

2. 扣缴义务人

委托加工的应税消费品，除受托方为个人外，受托方为消费税扣缴义务人，由受托方在向委托方交货时代收代缴消费税税款。

【知识点 2】征税范围及税目、税率

依照《消费税暂行条例》及相关文件规定，目前消费税征税范围包括烟、酒、小汽车等 15 个税目，部分税目还进一步划分了若干子目；消费税税率采用比例税率和定额税率两种形式，根据不同的税目或子目确定相应的税率或单位税额（见表 3 – 1）。

表 3－1　　消费税税目税率表

税目	税率		
	生产（进口）环节	批发环节	零售环节
一、烟			
1. 卷烟 (1) 甲类卷烟[每标准条(200支,下同)调拨价在70元(不含增值税)以上(含70元)] (2) 乙类卷烟[每标准条调拨价在70元(不含增值税)以下]	56%加0.003元/支 36%加0.003元/支	11%加0.005元/支	
2. 雪茄	36%		
3. 烟丝	30%		
4. 电子烟	36%	11%	
二、酒			
1. 白酒	20%加0.5元/500克（500毫升）		
2. 黄酒	240元/吨		
3. 啤酒[①] (1) 甲类啤酒 每吨出厂价（含包装物及包装物押金，不包括重复使用的塑料周转箱的押金，下同）在3000元（含3000元，不含增值税，下同）以上的 (2) 乙类啤酒 每吨出厂价在3000元以下的	250元/吨 220元/吨		
4. 其他酒	10%		
三、高档化妆品 包括高档美容、修饰类化妆品，高档护肤类化妆品和成套化妆品。高档美容、修饰类化妆品和高档护肤类化妆品是指生产（进口）环节销售（完税）价格（不含增值税）在10元/毫升（克）或15元/片（张）及以上的美容、修饰类化妆品和护肤类化妆品	15%		
四、贵重首饰及珠宝玉石 1. 金银首饰、铂金首饰和钻石及钻石饰品 2. 其他贵重首饰和珠宝玉石	 10%		 5%
五、鞭炮、焰火	15%		

续表

税　　目	税　率		
	生产（进口）环节	批发环节	零售环节
六、成品油 1. 汽油 2. 柴油 3. 航空煤油 4. 石脑油 5. 溶剂油 6. 润滑油 7. 燃料油	 1.52元/升 1.20元/升 1.20元/升 1.52元/升 1.52元/升 1.52元/升 1.20元/升		
七、摩托车 1. 气缸容量（排气量，下同）为250毫升的 2. 气缸容量在250毫升（不含）以上的	 3% 10%		
八、小汽车 1. 乘用车 (1) 气缸容量（排气量，下同）在1.0升（含1.0升）以下的 (2) 气缸容量在1.0升以上至1.5升（含1.5升）的 (3) 气缸容量在1.5升以上至2.0升（含2.0升）的 (4) 气缸容量在2.0升以上至2.5升（含2.5升）的 (5) 气缸容量在2.5升以上至3.0升（含3.0升）的 (6) 气缸容量在3.0升以上至4.0升（含4.0升）的 (7) 气缸容量在4.0升以上的 2. 中轻型商用客车 3. 超豪华小汽车 每辆零售价格130万元（不含增值税）及以上的乘用车和中轻型商用客车	 1% 3% 5% 9% 12% 25% 40% 5% 与"乘用车""中轻型商用客车"标准相同		10%
九、高尔夫球及球具	10%		
十、高档手表	20%		
十一、游艇	10%		
十二、木制一次性筷子	5%		
十三、实木地板	5%		
十四、电池	4%		
十五、涂料	4%		

注：①无醇啤酒比照啤酒征税。啤酒源、菠萝啤酒应按啤酒征收消费税。果啤属于啤酒，按啤酒征收消费税。对饮食业、商业、娱乐业举办的啤酒屋（啤酒坊）利用啤酒生产设备生产的啤酒应当征收消费税。

【知识点3】应纳税额计算

消费税应纳税额的计算方法有3种：从价定率法、从量定额法和复合计税法。

1. 从价定率法下应纳税额的计算

应纳税额 = 销售额 × 比例税率

2. 从量定额法下应纳税额的计算

应纳税额 = 销售数量 × 定额税率

3. 复合计税法下应纳税额的计算

在现行消费税征税范围中，只有卷烟、白酒采用复合计征方法。

应纳税额 = 销售额 × 比例税率 + 销售数量 × 定额税率

【知识点4】消费税税额的扣除

对外购应税消费品和委托加工收回的应税消费品连续生产应税消费品销售的，可将外购应税消费品和委托加工收回的应税消费品已缴纳的消费税给予扣除。

三 企业所得税

【知识点1】纳税人

企业所得税是对我国境内的企业和其他取得收入的组织的生产经营所得和其他所得征收的一种税。

企业所得税纳税人分为居民企业纳税人和非居民企业纳税人。

个人独资企业、合伙企业不属于企业所得税纳税人。

1. 居民企业

居民企业，是指依法在中国境内成立，或者依照外国（地区）法律成立但实际管理机构在中国境内的企业。居民企业采用登记注册地和实际管理机构所在地两个标准认定。

实际管理机构，是指对企业的生产经营、人员、账务、财产等实施实质性全面管理和控制的机构。

2. 非居民企业

非居民企业，是指依照外国（地区）法律成立且实际管理机构不在中国境内，但在中国境内设立机构、场所，或者在中国境内未设立机构、场所，但有来源于中国境内所得的企业。

机构、场所，是指在中国境内从事生产经营活动的机构、场所。

【知识点2】征税对象

企业所得税的征税对象是企业的应纳税所得。包括销售货物所得、提供劳务所得、转让财产所得、股息红利等权益性投资所得、利息所得、租金所得、特许权使用费所得、接受捐赠所得和其他所得。

1. 居民企业的征税对象

居民企业的征税对象是来源于中国境内、境外的所得。

2. 非居民企业的征税对象

（1）非居民企业在中国境内设立机构、场所的，征税对象是所设机构、场所取得的来源于中国境内的所得，以及发生在中国境外但与其所设机构、场所有实际联系的所得。

实际联系，是指非居民企业在中国境内设立的机构、场所拥有据以取得所得的股权、债权，以及拥有、管理、控制据以取得所得的财产。

（2）非居民企业在中国境内未设立机构、场所的，或者虽设立机构、场所但取得的所得与其所设机构、场所没有实际联系的，征税对象是来源于中国境内的所得。

【知识点3】税率

（1）企业所得税的基本税率为25%。

（2）符合条件的小型微利企业，非居民企业在中国境内未设立机构、场所的，或者虽设立机构、场所但取得的所得与其所设机构、场所没有实际联系的，其来源于中国境内的所得，适用税率为20%。

【知识点4】应纳税所得额

企业每一纳税年度的收入总额，减除不征税收入、免税收入、各项扣除及允许弥补的以前年度亏损后的余额，为应纳税所得额。

应纳税所得额的计算公式为：

应纳税所得额＝收入总额－不征税收入－免税收入－各项扣除－允许弥补的以前年度亏损

企业应纳税所得额的计算，以权责发生制为原则，属于当期的收入和费用，无论款项是否收付，均作为当期的收入和费用；不属于当期的收入和费用，即使款项已经在当期收付，均不作为当期的收入和费用。

在计算应纳税所得额时，企业财务、会计处理办法与税收法律、行政法规的规定不一致的，应当依照税收法律、行政法规的规定计算。

【知识点 5】优惠税率

国家需要重点扶持的高新技术企业，减按 15% 的税率征收企业所得税。

对经认定的服务外包类和服务贸易类技术先进型服务企业，减按 15% 的税率征收企业所得税。

非居民企业在中国境内未设立机构、场所的，或者虽设立机构、场所但取得的所得与其所设机构、场所没有实际联系的，来源于中国境内的所得，减按 10% 的税率征收企业所得税。

自 2019 年 1 月 1 日至 2027 年 12 月 31 日，对符合条件的从事污染防治的第三方企业减按 15% 的税率征收企业所得税。

自 2011 年 1 月 1 日至 2030 年 12 月 31 日，对设在西部地区的鼓励类产业企业减按 15% 的税率征收企业所得税。

【知识点 6】小型微利企业所得税优惠政策

小型微利企业，是指从事国家非限制和禁止行业，且同时符合年度应纳税所得额不超过 300 万元、从业人数不超过 300 人、资产总额不超过 5000 万元 3 个条件的企业。

对小型微利企业年应纳税所得额不超过 100 万元的部分，减按 25% 计入应纳税所得额，按 20% 的税率缴纳企业所得税；对年应纳税所得额超过 100 万元但不超过 300 万元的部分，减按 50% 计入应纳税所得额，按 20% 的税率缴纳企业所得税。

自 2021 年 1 月 1 日至 2022 年 12 月 31 日，对小型微利企业年应纳税所得额不超过 100 万元的部分，减按 12. 5% 计入应纳税所得额，按 20% 的税率缴纳企业所得税。自 2023 年 1 月 1 日至 2027 年 12 月 31 日，对小型微利企业年应纳税所得额不超过 100 万元的部分，减按 25% 计入应纳税所得额，按 20% 的税率缴纳企业所得税。

自 2022 年 1 月 1 日至 2024 年 12 月 31 日，对年应纳税所得额超过 100 万元但不超过 300 万元的部分，减按 25% 计入应纳税所得额，按 20% 的税率缴纳企业所得税。

四 个人所得税

【知识点 1】纳税人

1. 居民个人

在中国境内有住所，或者无住所而一个纳税年度内在中国境内居住累计满 183 天的个人，为居民个人。

居民个人从中国境内和境外取得的所得，依法缴纳个人所得税。

2. 非居民个人

在中国境内无住所又不居住，或者无住所而一个纳税年度内在中国境内居住累计不满183天的个人，为非居民个人。

非居民个人从中国境内取得的所得，依法缴纳个人所得税。

纳税年度，自公历1月1日起至12月31日止。

【知识点2】扣缴义务人

个人所得税以所得人为纳税人，以支付所得的单位或者个人为扣缴义务人。

扣缴义务人应当按照纳税人提供的信息计算办理扣缴申报，不得擅自更改纳税人提供的信息。

纳税人发现扣缴义务人提供或者扣缴申报的个人信息、所得、扣缴税款等与实际情况不符的，有权要求扣缴义务人修改。扣缴义务人拒绝修改的，纳税人应当报告税务机关，税务机关应当及时处理。

【知识点3】征税范围

下列各项个人所得，应当缴纳个人所得税：①工资、薪金所得；②劳务报酬所得；③稿酬所得；④特许权使用费所得；⑤经营所得；⑥利息、股息、红利所得；⑦财产租赁所得；⑧财产转让所得；⑨偶然所得。

居民个人取得第①项至第④项所得为综合所得，按纳税年度合并计算个人所得税；非居民个人取得第①项至第④项所得，按月或者按次分项计算个人所得税。纳税人取得第⑤项至第⑨项所得，依照规定分别计算个人所得税。

【知识点4】税率

综合所得，适用3%~45%的超额累进税率（见表3-2）。

表3-2　　个人所得税税率表一（综合所得适用）

级数	全年应纳税所得额	税率（%）
1	不超过36000元的	3
2	超过36000元至144000元的部分	10
3	超过144000元至300000元的部分	20
4	超过300000元至420000元的部分	25
5	超过420000元至660000元的部分	30

续表

级数	全年应纳税所得额	税率（%）
6	超过660000元至960000元的部分	35
7	超过960000元的部分	45

经营所得，适用5%～35%的超额累进税率（见表3－3）。

表3－3　　个人所得税税率表二（经营所得适用）

级数	全年应纳税所得额	税率（%）
1	不超过30000元的	5
2	超过30000元至90000元的部分	10
3	超过90000元至300000元的部分	20
4	超过300000元至500000元的部分	30
5	超过500000元的部分	35

利息、股息、红利所得，财产租赁所得，财产转让所得和偶然所得，适用比例税率，税率为20%。

【知识点5】应纳税所得额的计算

1. 综合所得

居民个人的综合所得，以每一纳税年度的收入额减除费用60000元及专项扣除、专项附加扣除和依法确定的其他扣除后的余额为应纳税所得额。

劳务报酬所得、稿酬所得、特许权使用费所得以收入减除20%的费用后的余额为收入额。稿酬所得的收入额减按70%计算。

专项扣除、专项附加扣除和依法确定的其他扣除，以居民个人一个纳税年度的应纳税所得额为限额；一个纳税年度扣除不完的，不结转以后年度扣除。

专项扣除，包括居民个人按照国家规定的范围和标准缴纳的基本养老保险、基本医疗保险、失业保险等社会保险费和住房公积金等。

专项附加扣除，包括子女教育、继续教育、大病医疗、住房贷款利息或者住房租金、赡养老人、3岁以下婴幼儿照护等支出。

非居民个人的工资、薪金所得，以每月收入额减除费用5000元后的余额为应纳税所得额；劳务报酬所得、稿酬所得、特许权使用费所得，以每次收入额为应纳税所得额。

居民个人取得综合所得，按年计算个人所得税；有扣缴义务人的，由扣缴义务人按月或者按次预扣预缴税款；需要办理汇算清缴的，应当在取得所得的次年 3 月 1 日至 6 月 30 日内向任职、受雇单位所在地主管税务机关办理汇算清缴。

2. 经营所得

经营所得，以每一纳税年度的收入总额减除成本、费用及损失后的余额为应纳税所得额。

取得经营所得的个人，没有综合所得的，计算其每一纳税年度的应纳税所得额时，应当减除费用 60000 元、专项扣除、专项附加扣除及依法确定的其他扣除。专项附加扣除在办理汇算清缴时减除。

纳税人取得经营所得，按年计算个人所得税，由纳税人在月度或者季度终了后 15 日内向经营管理所在地主管税务机关报送纳税申报表，并预缴税款；在取得所得的次年 3 月 31 日前向经营管理所在地主管税务机关办理汇算清缴。

3. 财产租赁所得

财产租赁所得，每次收入不超过 4000 元的，减除费用 800 元；4000 元以上的，减除 20% 的费用，其余额为应纳税所得额。

财产租赁所得，以 1 个月内取得的收入为一次。

4. 财产转让所得

财产转让所得，以转让财产的收入额减除财产原值和合理费用后的余额为应纳税所得额。

财产转让所得，按照一次转让财产的收入额减除财产原值和合理费用后的余额计算纳税。

5. 利息、股息、红利所得和偶然所得

利息、股息、红利所得和偶然所得，以每次收入额为应纳税所得额。

利息、股息、红利所得，以支付利息、股息、红利时取得的收入为一次。

偶然所得，以每次取得该项收入为一次。

【知识点 6】扣除捐赠款的计税方法

个人将其所得对教育、扶贫、济困等公益慈善事业进行捐赠，捐赠额未超过纳税人申报的应纳税所得额 30% 的部分，可以从其应纳税所得额中扣除；国务院规定对公益慈善事业捐赠实行全额税前扣除的，从其规定。

个人捐赠住房作为公租房，符合税收法律法规规定的，对其公益性捐赠支出未超过其申报的应纳税所得额 30% 的部分，准予从其应纳税所得额中扣除。

【知识点 7】进一步落实支持个体工商户发展个人所得税优惠政策

2023 年 1 月 1 日至 2027 年 12 月 31 日，对个体工商户年应纳税所得额不超过 200

万元的部分，减半征收个人所得税。个体工商户在享受现行其他个人所得税优惠政策的基础上，可叠加享受此项优惠政策。

五 土地增值税

【知识点1】纳税人

土地增值税的纳税义务人是转让国有土地使用权、地上建筑物及其附着物并取得收入的单位和个人。

【知识点2】征税范围

土地增值税是对转让国有土地使用权及其地上建筑物和附着物的行为征税，不包括国有土地使用权出让所取得的收入。

（1）转让国有土地使用权，不包括国有土地使用权出让所取得的收入；

（2）地上建筑物及其附着物连同国有土地使用权一并转让；

（3）存量房地产的买卖。

【知识点3】税率

土地增值税实行四级超率累进税率，对土地增值率高的多征，增值率低的少征，无增值的不征（见表3－4）。

表3－4 土地增值税税率表

级数	增值额与扣除项目金额的比率	税率（%）	速算扣除系数（%）
1	不超过50%的部分	30	0
2	超过50%至100%的部分	40	5
3	超过100%至200%的部分	50	15
4	超过200%的部分	60	35

【知识点4】应纳税额的计算

1. 收入额的确定

纳税人转让房地产所取得的收入，是指包括货币收入、实物收入和其他收入在内的全部价款及有关的经济利益，不允许从中减除任何成本费用。房屋销售收入不含增值税。

房地产开发企业将开发产品用于职工福利、奖励、对外投资、分配给股东或投资人、抵偿债务、换取其他单位和个人的非货币性资产等，发生所有权转移时应视同销售房地产。

2. 扣除项目的确定

（1）房地产开发企业出售开发的房地产扣除项目。

①取得土地使用权所支付的金额，指纳税人为取得土地使用权支付的地价款和按国家规定缴纳的有关费用之和。

②房地产开发成本，包括土地征用费及拆迁补偿费、前期工程费、建筑安装工程费、基础设施费、公共配套设施费及开发间接费用。

③房地产开发费用，指与房地产有关的销售费用、管理费用、财务费用。

④与转让房地产有关的税金，是指在转让房地产时缴纳的城市维护建设税、印花税。因转让房地产缴纳的教育费附加，也可视同税金予以扣除。

房地产开发企业按照有关规定，其缴纳的印花税列入管理费用，通过“房地产开发费”项目进行计算扣除。非房地产开发企业转让房地产缴纳的印花税作为“与转让房地产有关的税金”在计算土地增值税时扣除。

⑤财政部确定的其他扣除项目。

从事房地产开发的纳税人可加计20%的扣除。

加计扣除费用 =（取得土地使用权支付的金额 + 房地产开发成本）×20%

（2）旧房及建筑物转让的扣除项目。

①房屋及建筑物的评估价格。

②取得土地使用权所支付的地价款和按国家统一规定缴纳的有关费用。

③转让环节缴纳的税金。

3. 应纳税额的计算

增值额 = 收入额 − 扣除项目金额

应纳税额 = 增值额 × 适用税率 − 扣除项目金额 × 速算扣除系数

【知识点5】建造普通标准住宅出售

建造普通标准住宅出售，其增值率未超过扣除项目金额之和20%的，免征土地增值税。增值率超过20%的，应就其全部增值额按规定计税。

【知识点6】居民个人销售住房

自2008年11月1日起，对居民个人销售住房，一律免征土地增值税。

对企事业单位、社会团体以及其他组织转让旧房作为公租房房源，且增值额未超过扣除项目金额20%的，免征土地增值税。

六 车辆购置税

【知识点】车辆购置税基本政策

1. 纳税人

在中华人民共和国境内购置汽车、有轨电车、汽车挂车、排气量超过150毫升的摩托车的单位和个人，为车辆购置税的纳税人。

2. 征税范围

车辆购置税的应税车辆包括汽车、有轨电车、汽车挂车、排气量超过150毫升的摩托车。

地铁、轻轨等城市轨道交通车辆，装载机、平地机、挖掘机、推土机等轮式专用机械车，以及起重机（吊车）、叉车、电动摩托车，不属于车辆购置税应税车辆。

车辆购置税实行一次性征收。购置已征车辆购置税的车辆，不再征收车辆购置税。

3. 税率

车辆购置税的税率为10%。

4. 计税依据

（1）纳税人购买自用应税车辆的计税价格，为纳税人实际支付给销售者的全部价款和价外费用，不包括增值税税款。

（2）纳税人进口自用应税车辆的计税价格，为关税完税价格加上关税和消费税。

（3）纳税人自产自用应税车辆的计税价格，按照同类应税车辆的销售价格确定，不包括增值税税款。

（4）纳税人以受赠、获奖或者其他方式取得自用应税车辆的计税价格，按照购置应税车辆时相关凭证载明的价格确定，不包括增值税税款。

5. 应纳税额的计算

车辆购置税的应纳税额 = 应税车辆的计税价格 × 税率

七 资源税

【知识点】资源税基本政策

1. 纳税人

在中华人民共和国领域和中华人民共和国管辖的其他海域开采或者生产应税资源的单位和个人，为资源税的纳税人，应当依照规定缴纳资源税。

购买未税矿产品的单位，应当主动向主管税务机关办理扣缴税款登记，依法代扣代缴资源税。

2. 征税范围

应税资源的具体范围，由《资源税税目税率表》（见表3－5）确定。具体包括：能源矿产、金属矿产、非金属矿产、水气矿产和盐。

试点省份水资源税的征税范围包括地表水和地下水。

3. 税目税率

表3－5　　资源税税目税率表

税目			征收对象	税率
能源矿产	原油		原矿	6%
	天然气、页岩气、天然气水合物		原矿	6%
	煤		原矿或者选矿	2%~10%
	煤成（层）气		原矿	1%~2%
	铀、钍		原矿	4%
	油页岩、油砂、天然沥青、石煤		原矿或者选矿	1%~4%
	地热		原矿	1%~20% 或者每立方米1~30元
金属矿产	黑色金属	铁、锰、铬、钒、钛	原矿或者选矿	1%~9%
	有色金属	铜、铅、锌、锡、镍、锑、镁、钴、铋、汞	原矿或者选矿	2%~10%
		铝土矿	原矿或者选矿	2%~9%
		钨	选矿	6.5%
		钼	选矿	8%
		金、银	原矿或者选矿	2%~6%
		铂、钯、钌、锇、铱、铑	原矿或者选矿	5%~10%
		轻稀土	选矿	7%~12%
		中重稀土	选矿	20%
		铍、锂、锆、锶、铷、铯、铌、钽、锗、镓、铟、铊、铪、铼、镉、硒、碲	原矿或者选矿	2%~10%

续表

		税目	征收对象	税率
非金属矿产	矿物类	高岭土	原矿或者选矿	1%~6%
		石灰岩	原矿或者选矿	1%~6%或者每吨（或者每立方米）1~10元
		磷	原矿或者选矿	3%~8%
		石墨	原矿或者选矿	3%~12%
		萤石、硫铁矿、自然硫	原矿或者选矿	1%~8%
		天然石英砂、脉石英、粉石英、水晶、工业用金刚石、冰洲石、蓝晶石、硅线石（矽线石）、长石、滑石、刚玉、菱镁矿、颜料矿物、天然碱、芒硝、钠硝石、明矾石、砷、硼、碘、溴、膨润土、硅藻土、陶瓷土、耐火粘土、铁矾土、凹凸棒石粘土、海泡石粘土、伊利石粘土、累托石粘土	原矿或者选矿	1%~12%
		叶蜡石、硅灰石、透辉石、珍珠岩、云母、沸石、重晶石、毒重石、方解石、蛭石、透闪石、工业用电气石、白垩、石棉、蓝石棉、红柱石、石榴子石、石膏	原矿或者选矿	2%~12%
		其他粘土（铸型用粘土、砖瓦用粘土、陶粒用粘土、水泥配料用粘土、水泥配料用红土、水泥配料用黄土、水泥配料用泥岩、保温材料用粘土）	原矿或者选矿	1%~5%或者每吨（或者每立方米）0.1~5元
	岩石类	大理岩、花岗岩、白云岩、石英岩、砂岩、辉绿岩、安山岩、闪长岩、板岩、玄武岩、片麻岩、角闪岩、页岩、浮石、凝灰岩、黑曜岩、霞石正长岩、蛇纹岩、麦饭石、泥灰岩、含钾岩石、含钾砂页岩、天然油石、橄榄岩、松脂岩、粗面岩、辉长岩、辉石岩、正长岩、火山灰、火山渣、泥炭	原矿或者选矿	1%~10%

续表

税目			征收对象	税率
非金属矿产	岩石类	砂石	原矿或者选矿	1%～5%或者每吨（或者每立方米）0.1～5元
	宝玉石类	宝石、玉石、宝石级金刚石、玛瑙、黄玉、碧玺	原矿或者选矿	4%～20%
水气矿产	二氧化碳气、硫化氢气、氦气、氡气		原矿	2%～5%
	矿泉水		原矿	1%～20%或者每立方米1～30元
盐	钠盐、钾盐、镁盐、锂盐		选矿	3%～15%
	天然卤水		原矿	3%～15%或者每吨（或者每立方米）1～10元
	海盐			2%～5%

纳税人开采或者生产不同税目应税产品的，应当分别核算不同税目应税产品的销售额或者销售数量；未分别核算或者不能准确提供不同税目应税产品的销售额或者销售数量的，从高适用税率。

4. 计税依据

资源税的计税依据为应税产品的销售额或销售量。

销售额是指纳税人销售应税产品向购买方收取的全部价款和价外费用，不包括增值税销项税额和运杂费用。

5. 应纳税额的计算

资源税的应纳税额，按照从价定率或者从量定额的办法，分别以应税产品的销售额乘以纳税人具体适用的比例税率或者以应税产品的销售数量乘以纳税人具体适用的定额税率计算。

八 印花税

【知识点】印花税基本政策

1. 纳税人

在中华人民共和国境内书立应税凭证、进行证券交易的单位和个人，为印花税的纳税人，应当依法缴纳印花税。在中华人民共和国境外书立在境内使用的应税凭证的单位和个人，应当依法缴纳印花税。证券交易印花税对证券交易的出让方征收，不对受让方征收。

（1）书立应税凭证的纳税人，为对应税凭证有直接权利义务关系的单位和个人。

（2）采用委托贷款方式书立的借款合同纳税人，为受托人和借款人，不包括委托人。

（3）按买卖合同或者产权转移书据税目缴纳印花税的拍卖成交确认书纳税人，为拍卖标的的产权人和买受人，不包括拍卖人。

2. 扣缴义务人

纳税人为境外单位或者个人，在境内有代理人的，以其境内代理人为扣缴义务人；在境内没有代理人的，由纳税人自行申报缴纳印花税。证券登记结算机构为证券交易印花税的扣缴义务人，应当向其机构所在地的主管税务机关申报解缴税款以及银行结算的利息。

3. 征税范围

应税凭证，是指《印花税税目税率表》列明的合同、产权转移书据和营业账簿。

证券交易，是指转让在依法设立的证券交易所、国务院批准的其他全国性证券交易场所交易的股票和以股票为基础的存托凭证。

（1）在中华人民共和国境外书立在境内使用的应税凭证，应当按规定缴纳印花税。包括以下几种情形：

①应税凭证的标的为不动产的，该不动产在境内；

②应税凭证的标的为股权的，该股权为中国居民企业的股权；

③应税凭证的标的为动产或者商标专用权、著作权、专利权、专有技术使用权的，其销售方或者购买方在境内，但不包括境外单位或者个人向境内单位或者个人销售完全在境外使用的动产或者商标专用权、著作权、专利权、专有技术使用权；

④应税凭证的标的为服务的，其提供方或者接受方在境内，但不包括境外单位或者个人向境内单位或者个人提供完全在境外发生的服务。

（2）企业之间书立的确定买卖关系、明确买卖双方权利义务的订单、要货单等单据，且未另外书立买卖合同的，应当按规定缴纳印花税。

（3）发电厂与电网之间、电网与电网之间书立的购售电合同，应当按买卖合同税目缴纳印花税。

（4）下列情形的凭证，不属于印花税征收范围：

①人民法院的生效法律文书，仲裁机构的仲裁文书，监察机关的监察文书；

②县级以上人民政府及其所属部门按照行政管理权限征收、收回或者补偿安置房地产书立的合同、协议或者行政类文书；

③总公司与分公司、分公司与分公司之间书立的作为执行计划使用的凭证。

4. 税目税率

印花税税目分为4类：书面合同、产权转移书据、营业账簿、证券交易。

根据《民法典》第四百六十九条规定，当事人订立合同，可以采用书面形式、口头形式或者其他形式。书面形式是合同书、信件、电报、电传、传真等可以有形地表现所载内容的形式。以电子数据交换、电子邮件等方式能够有形地表现所载内容，并可以随时调取查用的数据电文，视为书面形式。

印花税税目税率表见表3－6。

表3－6 印花税税目税率表

<table>
<tr><th colspan="2">税目</th><th>税率</th><th>备注</th></tr>
<tr><td rowspan="12">合同（指书面合同）</td><td>借款合同</td><td>借款金额的万分之零点五</td><td>指银行业金融机构、经国务院银行业监督管理机构批准设立的其他金融机构与借款人（不包括同业拆借）的借款合同</td></tr>
<tr><td>融资租赁合同</td><td>租金的万分之零点五</td><td></td></tr>
<tr><td>买卖合同</td><td>价款的万分之三</td><td>指动产买卖合同（不包括个人书立的动产买卖合同）</td></tr>
<tr><td>承揽合同</td><td>报酬的万分之三</td><td></td></tr>
<tr><td>建设工程合同</td><td>价款的万分之三</td><td></td></tr>
<tr><td>运输合同</td><td>运输费用的万分之三</td><td>指货运合同和多式联运合同（不包括管道运输合同）</td></tr>
<tr><td>技术合同</td><td>价款、报酬或者使用费的万分之三</td><td>不包括专利权、专有技术使用权转让书据</td></tr>
<tr><td>租赁合同</td><td>租金的千分之一</td><td></td></tr>
<tr><td>保管合同</td><td>保管费的千分之一</td><td></td></tr>
<tr><td>仓储合同</td><td>仓储费的千分之一</td><td></td></tr>
<tr><td>财产保险合同</td><td>保险费的千分之一</td><td>不包括再保险合同</td></tr>
<tr><td rowspan="2">产权转移书据</td><td>土地使用权出让书据</td><td>价款的万分之五</td><td rowspan="2">转让包括买卖（出售）、继承、赠与、互换、分割</td></tr>
<tr><td>土地使用权、房屋等建筑物和构筑物所有权转让书据（不包括土地承包经营权和土地经营权转移）</td><td>价款的万分之五</td></tr>
</table>

续表

税目		税率	备注
产权转移书据	股权转让书据（不包括应缴纳证券交易印花税的）	价款的万分之五	转让包括买卖（出售）、继承、赠与、互换、分割
	商标专用权、著作权、专利权、专有技术使用权转让书据	价款的万分之三	
营业账簿		实收资本（股本）、资本公积合计金额的万分之二点五	
证券交易		成交金额的千分之一	

5. 计税依据

印花税的计税依据如下：

（1）应税合同的计税依据，为合同所列的金额，不包括列明的增值税税款；应税产权转移书据的计税依据，为产权转移书据所列的金额，不包括列明的增值税税款；应税合同、产权转移书据未列明金额的，印花税的计税依据按照实际结算的金额确定；按前述规定仍不能确定的，按照书立合同、产权转移书据时的市场价格确定；依法应当执行政府定价或者政府指导价的，按照国家有关规定确定。

同一应税合同、应税产权转移书据中涉及两方以上纳税人，且未列明纳税人各自涉及金额的，以纳税人平均分摊的应税凭证所列金额（不包括列明的增值税税款）确定计税依据。

应税合同、应税产权转移书据所列的金额与实际结算金额不一致，不变更应税凭证所列金额的，以所列金额为计税依据；变更应税凭证所列金额的，以变更后的所列金额为计税依据。已缴纳印花税的应税凭证，变更后所列金额增加的，纳税人应当就增加部分的金额补缴印花税；变更后所列金额减少的，纳税人可以就减少部分的金额向税务机关申请退还或者抵缴印花税。

纳税人转让股权的印花税计税依据，按照产权转移书据所列的金额（不包括列明的认缴后尚未实际出资权益部分）确定。

境内的货物多式联运，采用在起运地统一结算全程运费的，以全程运费作为运输合同的计税依据，由起运地运费结算双方缴纳印花税；采用分程结算运费的，以分程的运费作为计税依据，分别由办理运费结算的各方缴纳印花税。

（2）应税营业账簿的计税依据，为账簿记载的实收资本（股本）、资本公积合计金额。

（3）证券交易的计税依据，为成交金额。证券交易无转让价格的，按照办理过户登记手续时该证券前一个交易日收盘价计算确定计税依据；无收盘价的，按照证券面值计算确定计税依据。

（4）纳税人因应税凭证列明的增值税税款计算错误导致应税凭证的计税依据减少或者增加的，纳税人应当按规定调整应税凭证列明的增值税税款，重新确定应税凭证计税依据。已缴纳印花税的应税凭证，调整后计税依据增加的，纳税人应当就增加部分的金额补缴印花税；调整后计税依据减少的，纳税人可以就减少部分的金额向税务机关申请退还或者抵缴印花税。

（5）应税凭证金额为人民币以外的货币的，应当按照凭证书立当日的人民币汇率中间价折合人民币确定计税依据。

6. 应纳税额的计算

印花税的应纳税额按照计税依据乘以适用税率计算。

同一应税凭证由两方以上当事人书立的，按照各自涉及的金额分别计算应纳税额。

同一应税凭证载有两个以上税目事项并分别列明金额的，按照各自适用的税目税率分别计算应纳税额；未分别列明金额的，从高适用税率。

已缴纳印花税的营业账簿，以后年度记载的实收资本（股本）、资本公积合计金额比已缴纳印花税的实收资本（股本）、资本公积合计金额增加的，按照增加部分计算应纳税额。

九 房产税

【知识点】房产税基本政策

1. 纳税人

房产税由产权所有人缴纳。产权属于全民所有的，由经营管理的单位缴纳。产权出典的，由承典人缴纳。产权所有人、承典人不在房产所在地的，或者产权未确定及租典纠纷未解决的，由房产代管人或者使用人缴纳。

凡在房产税征收范围内的具备房屋功能的地下建筑，包括与地上房屋相连的地下建筑及完全建在地面以下的建筑、地下人防设施等，均应当依照有关规定征收房产税。

2. 征税范围

房产税在城市、县城、建制镇和工矿区征收。

对农、林、牧、渔业用地和农民居住用房屋及土地，不征收房产税。

3. 税目税率

房产税的税率，依照房产余值计算缴纳的，税率为1.2%；依照房产租金收入计算缴纳的，税率为12%。

自2008年3月1日起，对个人出租住房，不区分用途，按4%的税率征收房产税。

自2008年8月1日起，对企事业单位、社会团体及其他组织按市场价格向个人出租用于居住的住房，减按4%的税率征收房产税。

4. 计税依据

房产税依照房产原值一次减除10%～30%后的余值计算缴纳。具体减除幅度，由省、自治区、直辖市人民政府规定。

没有房产原值作为依据的，由房产所在地税务机关参考同类房产核定。

房产出租的，以房产租金收入为房产税的计税依据。

无租使用其他单位房产的应税单位和个人，依照房产余值代缴纳房产税。

对出租房产，租赁双方签订的租赁合同约定有免收租金期限的，免收租金期间由产权所有人按照房产原值缴纳房产税。

5. 应纳税额的计算

（1）按原值计征。按房产的原值减除一定比例后的余值计征房产税，计算公式为：

$$应纳税额 = 应税房产原值 \times (1 - 减除比例) \times 1.2\%$$

减除比例为10%～30%，具体减除幅度，由省、自治区、直辖市人民政府规定。

（2）按租金计征。按房产的租金收入计征房产税，计算公式为：

$$应纳税额 = 租金收入 \times 12\% \quad (或 4\%)$$

营改增后，房产出租的，计征房产税的租金收入不含增值税；免征增值税的，租金收入不扣减增值税。

十 车船税

【知识点】车船税基本政策

1. 纳税人

在中华人民共和国境内属于《中华人民共和国车船税法》所附《车船税税目税额表》规定的车辆、船舶（以下简称车船）的所有人或者管理人，为车船税的纳税人。

从事机动车第三者责任强制保险业务的保险机构为机动车车船税的扣缴义务人，应当在收取保险费时依法代收车船税，并出具代收税款凭证。

2. 征税范围

车船税征税范围为在中华人民共和国境内属于《中华人民共和国车船税法》所附《车船税税目税额表》规定的车辆、船舶，包括依法应当在车船管理部门登记的机动车辆和船舶，依法不需要在车船管理部门登记、在单位内部场所行驶或者作业的机动车辆和船舶。

境内单位和个人租入外国籍船舶的，不征收车船税。境内单位和个人将船舶出租到境外的，应依法征收车船税。

临时入境的外国车船和香港特别行政区、澳门特别行政区、台湾地区的车船，不征收车船税。

3. 税目税率

车船税税目包括乘用车、商用车、挂车、其他车辆、摩托车和船舶6个税目。

车船税实行定额税率（见表3－7）。

表3－7　　车船税税目税额表

	税　目	计税单位	年基准税额	备注
乘用车［按发动机汽缸容量（排气量）分档］	1.0升（含）以下的	每辆	60元至360元	核定载客人数9人（含）以下
	1.0升以上至1.6升（含）的		300元至540元	
	1.6升以上至2.0升（含）的		360元至660元	
	2.0升以上至2.5升（含）的		660元至1200元	
	2.5升以上至3.0升（含）的		1200元至2400元	
	3.0升以上至4.0升（含）的		2400元至3600元	
	4.0升以上的		3600元至5400元	
商用车	客车	每辆	480元至1440元	核定载客人数9人以上，包括电车
	货车	整备质量每吨	16元至120元	包括半挂牵引车、三轮汽车和低速载货汽车等
挂车		整备质量每吨	按照货车税额的50%计算	
其他车辆	专用作业车	整备质量每吨	16元至120元	不包括拖拉机
	轮式专用机械车		16元至120元	
摩托车		每辆	36元至180元	
船舶	机动船舶	净吨位每吨	3元至6元	拖船、非机动驳船分别按照机动船舶税额的50%计算
	游艇	艇身长度每米	600元至2000元	

4. 计税依据

车船税是从量计征的，根据车船的种类和性能的不同，计税依据有 4 种：

（1）乘用车、客车、摩托车，以“每辆”为计税单位；

（2）货车、挂车、其他车辆，以“整备质量每吨”为计税单位；

（3）机动船舶，以“净吨位每吨”为计税单位，其中拖船按照发动机功率每 1 千瓦折合净吨位 0.67 吨计算；

（4）游艇，以“艇身长度每米”为计税单位。

5. 应纳税额的计算

车船税按年申报，分月计算，一次性缴纳。计算公式为：

$$应纳税额 = 年应纳税额 \times 应纳税月份数 \div 12$$

十一 环境保护税

【知识点】环境保护税基本政策

1. 纳税人

在中华人民共和国领域和中华人民共和国管辖的其他海域，直接向环境排放应税污染物的企业事业单位和其他生产经营者为环境保护税的纳税人。

有下列情形之一的，不属于直接向环境排放污染物，不缴纳相应污染物的环境保护税：

（1）企业事业单位和其他生产经营者向依法设立的污水集中处理、生活垃圾集中处理场所排放应税污染物的；

（2）企业事业单位和其他生产经营者在符合国家和地方环境保护标准的设施、场所贮存或者处置固体废物的。

2. 征税范围

应税污染物，是指《环境保护税税目税额表》《应税污染物和当量值表》规定的大气污染物、水污染物、固体废物和噪声。

大气污染物，是指向环境排放影响大气环境质量的物质，包括二氧化硫、氮氧化硫、粉尘等。

水污染物，是指向环境排放影响水环境质量的物质。

固体废物，包括工业固体废物、生活垃圾、危险废物，如煤矸石、尾矿、粉煤灰、炉渣等。

噪声，仅指工业噪声。

3. 税目税率

环境保护税税目税额表见表 3－8。

表 3－8　　环境保护税税目税额表

<table>
<tr><th colspan="2">税　目</th><th>计税单位</th><th>税额</th><th>备　注</th></tr>
<tr><td colspan="2">大气污染物</td><td>每污染当量</td><td>1.2～12 元</td><td></td></tr>
<tr><td colspan="2">水污染物</td><td>每污染当量</td><td>1.4～14 元</td><td></td></tr>
<tr><td rowspan="4">固体废物</td><td>煤矸石</td><td>每吨</td><td>5 元</td><td></td></tr>
<tr><td>尾矿</td><td>每吨</td><td>15 元</td><td></td></tr>
<tr><td>危险废物</td><td>每吨</td><td>1000 元</td><td></td></tr>
<tr><td>冶炼渣、粉煤灰、炉渣、其他固体废物（含半固态、液态废物）</td><td>每吨</td><td>25 元</td><td></td></tr>
<tr><td rowspan="6">噪声</td><td rowspan="6">工业噪声</td><td>超标 1～3 分贝</td><td>每月 350 元</td><td rowspan="6">1. 一个单位边界上有多处噪声超标，根据最高一处超标声级计算应纳税额；当沿边界长度超过 100 米有两处以上噪声超标，按照两个单位计算应纳税额。
2. 一个单位有不同地点作业场所的，应当分别计算应纳税额，合并计征。
3. 昼、夜均超标的环境噪声，昼、夜分别计算应纳税额，累计计征。
4. 声源一个月内超标不足 15 天的，减半计算应纳税额。
5. 夜间频繁突发和夜间偶然突发厂界超标噪声，按等效声级和峰值噪声两种指标中超标分贝值高的一项计算应纳税额</td></tr>
<tr><td>超标 4～6 分贝</td><td>每月 700 元</td></tr>
<tr><td>超标 7～9 分贝</td><td>每月 1400 元</td></tr>
<tr><td>超标 10～12 分贝</td><td>每月 2800 元</td></tr>
<tr><td>超标 13～15 分贝</td><td>每月 5600 元</td></tr>
<tr><td>超标 16 分贝以上</td><td>每月 11200 元</td></tr>
</table>

4. 计税依据

应税污染物的计税依据，按照下列方法确定：

（1）应税大气污染物按照污染物排放量折合的污染当量数确定；

（2）应税水污染物按照污染物排放量折合的污染当量数确定；

（3）应税固体废物按照固体废物的排放量确定；

（4）应税噪声按照超过国家规定标准的分贝数确定。

每一排放口或者没有排放口的应税大气污染物，按照污染当量数从大到小排序，对前三项污染物征收环境保护税。

每一排放口的应税水污染物，按照《中华人民共和国环境保护税法》所附《应税污染物和当量值表》，区分第一类水污染物和其他类水污染物，按照污染当量数从大到小排序，对第一类水污染物按照前五项征收环境保护税，对其他类水污染物按照前三项征收环境保护税。

5. 应纳税额的计算

环境保护税应纳税额按照下列方法计算：

（1）应税大气污染物的应纳税额为污染当量数乘以具体适用税额；

（2）应税水污染物的应纳税额为污染当量数乘以具体适用税额；

（3）应税固体废物的应纳税额为固体废物排放量乘以具体适用税额；

（4）应税噪声的应纳税额为超过国家规定标准的分贝数对应的具体适用税额。

十二 契税

【知识点】契税基本政策

1. 纳税人

在中华人民共和国境内转移土地、房屋权属，承受的单位和个人为契税的纳税人。

承受，是指以受让、购买、受赠、交换等方式取得土地、房屋权属的行为。

2. 征税范围

（1）土地使用权出让；

（2）土地使用权转让，包括出售、赠与、互换；

（3）房屋买卖、赠与、互换。

土地使用权转让，不包括土地承包经营权和土地经营权的转移。

以作价投资（入股）、偿还债务、划转、奖励等方式转移土地、房屋权属的，应当依照《中华人民共和国契税法》规定征收契税。

3. 税率

契税税率为3% ~5%。

契税的适用税率，由省、自治区、直辖市人民政府在规定的幅度内按照本地区的实际情况确定，并报财政部和国家税务总局备案。

4. 计税依据

（1）土地使用权出让、出售，房屋买卖，为土地、房屋权属转移合同确定的成交价格，包括应交付的货币以及实物、其他经济利益对应的价款。

（2）土地使用权互换、房屋互换，为所互换的土地使用权、房屋价格的差额。

（3）土地使用权赠与、房屋赠与以及其他没有价格的转移土地、房屋权属行为，为税务机关参照土地使用权出售、房屋买卖的市场价格依法核定的价格。

纳税人申报的成交价格、互换价格差额明显偏低且无正当理由的，由税务机关依照《中华人民共和国税收征收管理法》的规定核定。

（4）以划拨方式取得的土地使用权，经批准改为出让方式重新取得该土地使用权的，应由该土地使用权人以补缴的土地出让价款为计税依据缴纳契税。

（5）先以划拨方式取得土地使用权，后经批准转让房地产，划拨土地性质改为出让的，承受方应分别以补缴的土地出让价款和房地产权属转移合同确定的成交价格为计税依据缴纳契税。

（6）先以划拨方式取得土地使用权，后经批准转让房地产，划拨土地性质未发生改变的，承受方应以房地产权属转移合同确定的成交价格为计税依据缴纳契税。

（7）土地使用权及所附建筑物、构筑物等（包括在建的房屋、其他建筑物、构筑物和其他附着物）转让的，计税依据为承受方应交付的总价款。

（8）土地使用权出让的，计税依据包括土地出让金、土地补偿费、安置补助费、地上附着物和青苗补偿费、征收补偿费、城市基础设施配套费、实物配建房屋等应交付的货币以及实物、其他经济利益对应的价款。

（9）房屋附属设施（包括停车位、机动车库、非机动车库、顶层阁楼、储藏室及其他房屋附属设施）与房屋为同一不动产单元的，计税依据为承受方应交付的总价款，并适用与房屋相同的税率；房屋附属设施与房屋为不同不动产单元的，计税依据为转移合同确定的成交价格，并按当地确定的适用税率计税。

（10）承受已装修房屋的，应将包括装修费用在内的费用计入承受方应交付的总价款。

（11）土地使用权互换、房屋互换，互换价格相等的，互换双方计税依据为零；互换价格不相等的，以其差额为计税依据，由支付差额的一方缴纳契税。

（12）契税的计税依据不包括增值税。

5. 应纳税额的计算

契税应纳税额的计算公式为：

应纳税额 = 计税依据 × 税率

十三 城镇土地使用税

【知识点】城镇土地使用税基本政策

1. 纳税人

在城市、县城、建制镇、工矿区范围内使用土地的单位和个人，为城镇土地使用税的纳税人。

城镇土地使用税由拥有土地使用权的单位或个人缴纳。拥有土地使用权的纳税人不在土地所在地的，由代管人或实际使用人纳税；土地使用权未确定或权属纠纷未解决的，由实际使用人纳税；土地使用权共有的，由共有各方分别纳税。

在城镇土地使用税征税范围内承租集体所有建设用地的，由直接从集体经济组织承租土地的单位和个人缴纳城镇土地使用税。

对纳税单位无偿使用免税单位的土地，纳税单位应照章缴纳城镇土地使用税。

2. 征税范围

城镇土地使用税在城市、县城、建制镇和工矿区征收。

对农林牧渔业用地和农民居住用房屋及土地，不征收城镇土地使用税。

在城镇土地使用税征收范围内，利用林场土地兴建度假村等休闲娱乐场所的，其经营、办公和生活用地，应按规定征收城镇土地使用税。

3. 税目税率

城镇土地使用税每平方米年税额为：

（1）大城市 1.5 元至 30 元；

（2）中等城市 1.2 元至 24 元；

（3）小城市 0.9 元至 18 元；

（4）县城、建制镇、工矿区 0.6 元至 12 元。

省、自治区、直辖市人民政府，应当在上述规定的税额幅度内，根据市政建设状况、经济繁荣程度等条件，确定所辖地区的适用税额幅度。

4. 计税依据

城镇土地使用税以纳税人实际占用的土地面积为计税依据，依照规定税额计算征收。

纳税单位与免税单位共同使用共有使用权土地上的多层建筑，对纳税单位可按其占用的建筑面积占建筑总面积的比例计征城镇土地使用税。

对单独建造的地下建筑用地，按规定征收城镇土地使用税。地下建筑用地暂按应征税款的 50% 征收城镇土地使用税。

5. 应纳税额的计算

城镇土地使用税的年应纳税额为：

$$年应纳税额 = 实际占用应税土地面积 \times 适用税额$$

纳税人在一个纳税年度内取得应税土地使用权不满一年的，其应缴纳的城镇土地使用税税额按当年应计税月数计算。

十四 耕地占用税

【知识点】耕地占用税基本政策

1. 纳税人

在中华人民共和国境内占用耕地建设建筑物、构筑物或者从事非农业建设的单位和个人，为耕地占用税的纳税人。

2. 征税范围

耕地，是指用于种植农作物的土地。

占用耕地建设农田水利设施的，不缴纳耕地占用税。

占用园地、林地、草地、农田水利用地、养殖水面、渔业水域滩涂及其他农用地建设建筑物、构筑物或者从事非农业建设的，依照规定缴纳耕地占用税。

占用园地、林地、草地、农田水利用地、养殖水面、渔业水域滩涂及其他农用地建设直接为农业生产服务的生产设施的，不缴纳耕地占用税。

纳税人因建设项目施工或者地质勘查临时占用耕地，应当依照规定缴纳耕地占用税。

3. 税目税率

耕地占用税的税额如下：

（1）人均耕地不超过1亩的地区（以县、自治县、不设区的市、市辖区为单位，下同），每平方米为10元至50元；

（2）人均耕地超过1亩但不超过2亩的地区，每平方米为8元至40元；

（3）人均耕地超过2亩但不超过3亩的地区，每平方米为6元至30元；

（4）人均耕地超过3亩的地区，每平方米为5元至25元。

各地区耕地占用税的适用税额，由省、自治区、直辖市人民政府根据人均耕地面积和经济发展等情况，在规定的税额幅度内提出，报同级人民代表大会常务委员会决定，并报全国人民代表大会常务委员会和国务院备案。

各省、自治区、直辖市耕地占用税适用税额的平均水平，不得低于《各省、自治区、直辖市耕地占用税平均税额表》（见表3－9）规定的平均税额。

表3－9　　各省、自治区、直辖市耕地占用税平均税额表

省、自治区、直辖市	平均税额（元/平方米）
上海	45
北京	40
天津	35

续表

省、自治区、直辖市	平均税额（元/平方米）
江苏、浙江、福建、广东	30
辽宁、湖北、湖南	25
河北、安徽、江西、山东、河南、重庆、四川	22.5
广西、海南、贵州、云南、陕西	20
山西、吉林、黑龙江	17.5
内蒙古、西藏、甘肃、青海、宁夏、新疆	12.5

在人均耕地低于0.5亩的地区，省、自治区、直辖市可以根据当地经济发展情况，适当提高耕地占用税的适用税额，但提高的部分不得超过适用税额的50%。

占用基本农田的，应当按照确定的当地适用税额，加按150%征收。

4. 计税依据

耕地占用税以纳税人实际占用的属于耕地占用税征税范围的土地（以下简称应税土地）面积为计税依据，按应税土地当地适用税额计税，实行一次性征收。

5. 应纳税额的计算

耕地占用税的计算公式为：

$$应纳税额=应税土地面积\times适用税额$$

应税土地面积包括经批准占用面积和未经批准占用面积，以平方米为单位。

按照规定，加按150%征收耕地占用税的计算公式为：

$$应纳税额=应税土地面积\times适用税额\times150\%$$

十五 烟叶税

【知识点】烟叶税基本政策

1. 纳税人

在中华人民共和国境内，依照《中华人民共和国烟草专卖法》的规定收购烟叶的单位为烟叶税的纳税人。

2. 征税范围

烟叶，是指烤烟叶、晾晒烟叶。

晾晒烟叶，包括列入名晾晒烟名录的晾晒烟叶和未列入名晾晒烟名录的其他晾晒烟叶。

3. 税率

烟叶税实行比例税率，税率为20%。

4. 计税依据

烟叶税的计税依据为纳税人收购烟叶实际支付的价款总额。

纳税人收购烟叶实际支付的价款总额包括纳税人支付给烟叶生产销售单位和个人的烟叶收购价款及价外补贴。其中，价外补贴统一按烟叶收购价款的10%计算。

烟叶收购金额的计算公式为：

$$烟叶收购金额 = 收购价款 \times (1 + 10\%)$$

5. 应纳税额的计算

烟叶税应纳税额的计算公式为：

$$应纳税额 = 烟叶收购金额 \times 税率$$

十六 城市维护建设税

【知识点】城市维护建设税基本政策

1. 纳税人

在中华人民共和国境内缴纳增值税、消费税的单位和个人，为城市维护建设税的纳税人，应当依照《中华人民共和国城市维护建设税法》规定缴纳城市维护建设税。

2. 征税范围

城市维护建设税以纳税人依法实际缴纳的增值税、消费税税额为计税依据。

城市维护建设税的计税依据应当按照规定扣除期末留抵退税退还的增值税税额。

对进口货物或者境外单位和个人向境内销售劳务、服务、无形资产缴纳的增值税、消费税税额，不征收城市维护建设税。

3. 税率

城市维护建设税税率如下：

(1) 纳税人所在地在市区的，税率为7%；

(2) 纳税人所在地在县城、镇的，税率为5%；

(3) 纳税人所在地不在市区、县城或镇的，税率为1%。

撤县建市后，城市维护建设税适用税率为7%。

4. 计税依据

城市维护建设税以纳税人依法实际缴纳的增值税、消费税税额（以下简称“两税”税额）为计税依据。

依法实际缴纳的“两税”税额，是指纳税人依照增值税、消费税相关法律法规和税收政策规定计算的应当缴纳的“两税”税额（不含因进口货物或境外单位和个人向境内销售劳务、服务、无形资产缴纳的“两税”税额），加上增值税免抵税额，扣除直接减免的“两税”税额和期末留抵退税退还的增值税税额后的金额。

直接减免的“两税”税额，是指依照增值税、消费税相关法律法规和税收政策规定，直接减征或免征的“两税”税额，不包括实行先征后返、先征后退、即征即退办法退还的“两税”税额。

留抵退税额仅允许在按照增值税一般计税方法确定的城市维护建设税计税依据中扣除。当期未扣除完的余额，在以后纳税申报期按规定继续扣除；对于增值税小规模纳税人更正、查补此前按照一般计税方法确定的城市维护建设税计税依据，允许扣除尚未扣除完的留抵退税额。

5. 应纳税额的计算

城市维护建设税的应纳税额计算公式为：

应纳税额 = 纳税人实际缴纳的“两税”税额 × 适用税率

十七 社会保险费

国家建立基本养老保险、基本医疗保险、工伤保险、失业保险、生育保险等社会保险制度，保障公民在年老、疾病、工伤、失业、生育等情况下依法从国家和社会获得物质帮助的权利。

【知识点 1】基本养老保险

1. 基本养老保险概述

基本养老保险，是按国家法律法规政策规定，强制实施的为保障广大离退休人员基本生活需要的一种养老保险制度。基本养老保险是社会保险制度中最重要的险种之一。

基本养老保险费用一般由国家、单位和个人三方或单位和个人双方共同负担，并实现广泛的社会互济。

参加基本养老保险的个人，达到法定退休年龄时累计缴费满 15 年的，按月领取基本养老金。

2. 基本养老保险费的征缴

职工应当参加基本养老保险，由用人单位和职工共同缴纳基本养老保险费。

无雇工的个体工商户、未在用人单位参加基本养老保险的非全日制从业人员及其他灵活就业人员可以参加基本养老保险，由个人缴纳基本养老保险费。

用人单位缴纳基本养老保险费的基数可以为职工工资总额，也可以为职工个人缴费工资基数之和。

自 2019 年 5 月 1 日起，降低城镇职工基本养老保险（包括企业和机关事业单位基本养老保险）单位缴费比例，单位缴费比例高于 16% 的，可降至 16% 。

职工应当按照国家规定的本人工资的比例缴纳基本养老保险费，记入个人账户。

职工缴纳基本养老保险费的比例为个人缴费工资的8%。本人月平均工资低于当地职工月平均工资的60%的，按照当地职工月平均工资的60%作为缴费基数。本人月平均工资高于当地职工平均工资的300%的，按照当地职工的月平均工资的300%作为缴费基数。缴费基数每年确定一次，且一旦确定以后，1年内不再变动。

各省应以本省城镇非私营单位就业人员平均工资和城镇私营单位就业人员平均工资加权计算的全口径城镇单位就业人员平均工资，核定个人缴费基数上下限，合理降低部分参保人员和企业的缴费基数。

个体工商户和灵活就业人员参加企业职工基本养老保险，可以在本省全口径城镇单位就业人员平均工资的60%～300%选择适当的缴费基数。

城乡居民社会养老保险基金筹集主要由个人缴费、集体补助、政府补贴构成。

【知识点2】基本医疗保险

1. 基本医疗保险概述

基本医疗保险，是为补偿劳动者因疾病风险造成的经济损失而建立的一项社会保险制度。通过用人单位和个人缴费，建立医疗保险基金，参保人员患病就诊发生医疗费用后，由医疗保险经办机构给予一定的经济补偿，以避免或减轻劳动者因患病、治疗等所带来的经济风险。

2. 基本医疗保险费的征缴

职工应当参加职工基本医疗保险，基本医疗保险费由用人单位和职工共同缴纳。

无雇工的个体工商户、未在用人单位参加职工基本医疗保险的非全日制从业人员及其他灵活就业人员可以参加职工基本医疗保险，由个人按照国家规定缴纳基本医疗保险费。

用人单位缴纳基本医疗保险的基数为职工工资总额，个人缴费基数为本人工资。

用人单位缴费比例应控制在职工工资总额的6%左右，职工个人缴费比例一般为本人工资收入的2%。

随着经济发展，用人单位和职工缴费比例可作相应调整。

城乡居民基本医疗保险实行个人缴费和政府补贴相结合。

2023年居民医保筹资标准为1020元，其中人均财政补助标准达到每人每年不低于640元，个人缴费标准达到每人每年380元。

【知识点3】失业保险

1. 失业保险概述

失业保险，是国家通过立法强制实施，由政府负责建立失业保险基金，对非因本人意愿中断就业而失去工资收入的劳动者提供一定时期的物质帮助及促进其再就业服务的一项社会保险制度。

2. 失业保险费的征缴

职工应当参加失业保险，由用人单位和职工按照国家规定共同缴纳失业保险费。

依据《失业保险条例》，城镇企业事业单位按照本单位工资总额的2%缴纳失业保险费，城镇企业事业单位职工按照本人工资的1%缴纳失业保险费。城镇企业事业单位招用的农民合同制工人本人不缴纳失业保险费。

省、自治区、直辖市人民政府根据本行政区域失业人员数量和失业保险基金数额，报经国务院批准，可以适当调整本行政区域失业保险费的费率。

自2019年5月1日起，实施失业保险总费率1%的省，延长阶段性降低失业保险费率的期限至2024年底。在省（区、市）行政区域内，单位及个人的费率应当统一，个人费率不得超过单位费率。

【知识点4】生育保险

1. 生育保险概述

生育保险，是指为了维护职工的合法权益，保障职工在生育和实施计划生育手术期间由国家和社会提供津贴、产假和医疗服务的社会保险制度。

2. 生育保险费的征缴

职工应当参加生育保险，由用人单位按照国家规定缴纳生育保险费，职工个人不缴纳生育保险费。

依据《企业职工生育保险试行办法》（劳部发〔1994〕504号），生育保险费的缴纳比例由当地人民政府根据计划内生育人数和生育津贴、生育医疗费等项费用确定，并可根据费用支出情况适时调整，但最高不得超过工资总额的1%。

2019年3月6日，国务院办公厅发布了《国务院办公厅关于全面推进生育保险和职工基本医疗保险合并实施的意见》，提出2019年底前实现生育保险和职工基本医疗保险合并实施。

【知识点5】工伤保险

1. 工伤保险概述

工伤保险，是指劳动者在工作中或在规定的特殊情况下，遭受意外伤害或患职业病导致暂时或永久丧失劳动能力或者死亡时，给予劳动者医疗救治及必要的经济补偿的一种社会保障制度。

2. 工伤保险费的征缴

职工应当参加工伤保险，由用人单位缴纳工伤保险费，职工个人不缴纳工伤保险费。

国家根据不同行业的工伤风险程度确定行业的差别费率，并根据工伤保险费使用、工伤发生率等情况在每个行业内确定若干费率档次。行业差别费率及行业内费率档次由国务院社会保险行政部门制定，报国务院批准后公布施行。

社会保险经办机构根据用人单位使用工伤保险基金、工伤发生率和所属行业费率档次等情况，确定用人单位缴费费率。

用人单位应当按照本单位职工工资总额，根据社会保险经办机构确定的费率缴纳工伤保险费。

自 2019 年 5 月 1 日起，延长阶段性降低工伤保险费率的期限至 2024 年底，工伤保险基金累计结余可支付月数在 18 ~ 23 个月的统筹地区可以现行费率为基础下调 20%，累计结余可支付月数在 24 个月以上的统筹地区可以现行费率为基础下调 50%。

十八 非税收入

【知识点 1】教育费附加和地方教育附加

凡缴纳“两税”的单位和个人，除按照《国务院关于筹措农村学校办学经费的通知》（国发〔1984〕174 号）的规定，缴纳农村教育事业费附加的单位外，都应当依照规定缴纳教育费附加和地方教育附加。

凡代征“两税”的单位和个人，亦为代征教育费附加和地方教育附加的义务人。

教育费附加、地方教育附加计征依据与城市维护建设税计税依据一致，以缴纳义务人依法实际缴纳的“两税”为计征依据。

依法实际缴纳的“两税”税额，是指缴纳义务依照增值税、消费税相关法律法规和税收政策规定计算的应当缴纳的“两税”税额（不含因进口货物或境外单位和个人向境内销售劳务、服务、无形资产缴纳的“两税”税额），加上增值税免抵税额，扣除直接减免的“两税”税额和期末留抵退税退还的增值税税额后的金额。

直接减免的“两税”税额，是指依照增值税、消费税相关法律法规和税收政策规定，直接减征或免征的“两税”税额，不包括实行先征后返、先征后退、即征即退办法退还的“两税”税额。

教育费附加征收率为 3%，地方教育附加征收率为 2%。

对国家重大水利工程建设基金免征教育费附加。

【知识点 2】文化事业建设费

在中华人民共和国境内提供广告服务的广告媒介单位和户外广告经营单位，以及提供娱乐服务的单位和个人，应按规定缴纳文化事业建设费。

缴纳文化事业建设费的单位和个人应按照提供增值税应税服务取得的销售额和 3% 的费率计算应缴费额，并由税务机关在征收增值税时一并征收。文化事业建设费的计算公式为：

应缴费额 = 计费销售额 ×3%

广告服务计费销售额，为缴纳义务人提供广告服务取得的全部含税价款和价外费用，减除支付给其他广告公司或广告发布者的含税广告发布费后的余额。缴纳义务人减除价款的，应当取得增值税专用发票或国家税务总局规定的其他合法有效凭证，否则不得减除。娱乐服务计费销售额，为缴纳义务人提供娱乐服务取得的全部含税价款和价外费用。

中华人民共和国境外的广告媒介单位和户外广告经营单位在境内提供广告服务，在境内未设有经营机构的，以广告服务接受方为文化事业建设费的扣缴义务人。按规定扣缴文化事业建设费的，扣缴义务人应按下列公式计算应扣缴费额：

应扣缴费额 = 接收方支付的含税价款 × 费率

广告媒介单位和户外广告经营单位，符合增值税小规模纳税人中月销售额不超过 2 万元（按季纳税 6 万元）的企业和非企业性单位提供的应税服务，免征文化事业建设费。

娱乐业缴纳义务人按照《财政部 国家税务总局关于营业税改征增值税试点有关文化事业建设费政策及征收管理问题的通知》（财税〔2016〕25 号）规定，对未达到增值税起征点的提供娱乐服务的单位和个人，免征文化事业建设费。

自 2019 年 7 月 1 日至 2024 年 12 月 31 日，对归属中央收入的文化事业建设费，按照缴纳义务人应缴费额的 50% 减征；对归属地方收入的文化事业建设费，各省（区、市）财政、党委宣传部门可以结合当地经济发展水平、宣传思想文化事业发展等因素，在应缴费额 50% 的幅度内减征。

【知识点 3】废弃电器电子产品处理基金

中华人民共和国境内电器电子产品的生产者，为废弃电器电子产品处理基金（以下简称基金）缴纳义务人，应当按照规定缴纳基金。电器电子产品生产者包括自主品牌生产企业和代工生产企业。

废弃电器电子产品，主要包括电冰箱、空气调节器、吸油烟机、洗衣机、电热水器、燃气热水器、打印机、复印机、传真机、电视机、监视器、微型计算机、移动通信手持机、电话单机等 14 类产品。

对采用有利于资源综合利用和无害化处理的设计方案及使用环保和便于回收利用材料生产的电器电子产品，可以减征基金的，按照国务院相关部门的具体规定执行。

基金缴纳义务人出口电器电子产品，免征基金。

基金缴纳义务人销售或受托加工生产相关电器电子产品，按照从量定额的办法计算应缴纳基金。应缴纳基金的计算公式为：

应缴纳基金 = 销售数量(受托加工数量) × 征收标准

财政部、生态环境部、国家发展改革委、工业和信息化部联合发文明确，自 2024 年 1 月 1 日起停征废弃电器电子产品处理基金。截至 2023 年 12 月 31 日前已处理的废弃电器电子产品，按照《废弃电器电子产品处理基金征收使用管理办法》（财综〔2012〕34 号）等规定尚未补贴的，由中央财政安排资金予以补贴。自 2024 年 1 月 1 日起新处理的废弃电器电子产品，不再执行废弃电器电子产品处理基金补贴政策。

【知识点 4】残疾人就业保障金

用人单位安排残疾人就业达不到其所在地省、自治区、直辖市人民政府规定比例的，应当缴纳残疾人就业保障金（以下简称残保金）。

用人单位安排残疾人就业的比例不得低于本单位在职职工总数的 1.5%。具体比例由各省、自治区、直辖市人民政府根据本地区的实际情况规定。

残保金按上年用人单位安排残疾人就业未达到规定比例的差额人数和本单位在职职工年平均工资之积计算缴纳。计算公式为：

残保金年缴纳额 =（上年用人单位在职职工人数 × 所在地省、自治区、直辖市人民政府规定的安排残疾人就业比例 − 上年用人单位实际安排的残疾人就业人数）× 上年用人单位在职职工年平均工资

用人单位将残疾人录用为在编人员或依法与就业年龄段内的残疾人签订 1 年以上（含 1 年）劳动合同（服务协议），且实际支付的工资不低于当地最低工资标准，并足额缴纳社会保险费的，方可计入用人单位所安排的残疾人就业人数。

【知识点 5】2019 年划转的非税收入项目

自 2019 年 1 月 1 日起，原由财政部驻地方财政监察专员办事处负责征收的国家重大水利工程建设基金、农网还贷资金、可再生能源发展基金、中央水库移民扶持基金（含大中型水库移民后期扶持基金、三峡水库库区基金、跨省际大中型水库库区基金）、三峡电站水资源费、核电站乏燃料处理处置基金、免税商品特许经营费、油价调控风险准备金、核事故应急准备专项收入，以及国家留成油收入、石油特别收益金，划转至税务部门征收。

【知识点 6】2021 年划转的非税收入项目

（1）由自然资源部门负责征收的国有土地使用权出让收入、矿产资源专项收入、海域使用金、无居民海岛使用金四项政府非税收入，全部划转给税务部门负责征收。自然资源部（本级）按照规定负责征收的矿产资源专项收入、海域使用金、无居民海岛使用金，同步划转税务部门征收。

先试点后推开。自 2021 年 7 月 1 日起，选择在河北、内蒙古、上海、浙江、安徽、青岛、云南省（自治区、直辖市、计划单列市）以省（区、市）为单位开展征管职责划转试点，探索完善征缴流程、职责分工等，为全面推开划转工作积累经验。暂未开

展征管划转试点地区要积极做好四项政府非税收入征收划转准备工作，自 2022 年 1 月 1 日起全面实施征管划转工作。

（2）自 2021 年 7 月 1 日起，将自然资源部门负责征收的土地闲置费、住房城乡建设等部门负责征收的按行政事业性收费管理的城镇垃圾处理费划转至税务部门征收。征期在 2021 年 7 月 1 日以后（含）、所属期为 2021 年 7 月 1 日以前的上述收入，收缴及汇算清缴工作继续由原执收（监缴）单位负责。

（3）自 2021 年 1 月 1 日起，水土保持补偿费、地方水库移民扶持基金、排污权出让收入、防空地下室易地建设费划转至税务部门征收。征收范围、征收对象、征收标准等政策仍按现行规定执行。

水土保持补偿费自 2021 年 1 月 1 日起，由缴费人向税务部门自行申报缴纳。按次缴纳的，应于项目开工前或建设活动开始前，缴纳水土保持补偿费。按期缴纳的，在期满之日起 15 日内申报缴纳水土保持补偿费。

地方水库移民扶持基金自 2021 年 1 月 1 日起，由缴费人按月向税务部门自行申报缴纳，申报缴纳期限按现行规定执行。

已征收排污权出让收入的地区自 2021 年 1 月 1 日起，由缴费人向税务部门自行申报缴纳。其他地区有关排污权出让收入的征管事项，待国务院相关部门确定深化排污权有偿使用和交易改革方案后，由税务总局另行明确。

防空地下室易地建设费自 2021 年 1 月 1 日起，由缴费人根据人防部门核定的收费金额向税务部门申报缴纳。

【知识点 7】2023 年划转的非税收入项目

自 2023 年 1 月 1 日起，将森林植被恢复费、草原植被恢复费划转至税务部门征收。2023 年 1 月 1 日以前审核（批准）的相关用地申请、应于 2023 年 1 月 1 日（含）以后缴纳的上述收入，收缴工作继续由原执收（监缴）单位负责。划转以前和以后年度形成的欠缴收入由税务部门负责征缴入库。

>> 第三节 深化税收征管改革

【知识点 1】深化税收征管改革总体要求

1. 指导思想

以习近平新时代中国特色社会主义思想为指导，全面贯彻党的十九大和十九届二中、三中、四中、五中全会精神，围绕把握新发展阶段、贯彻新发展理念、构建新发展格局，深化税收征管制度改革，着力建设以服务纳税人缴费人为中心、以发票电子化改革为突破口、以税收大数据为驱动力的具有高集成功能、高安全性能、高应用效能的智慧税务，深入推进精确执法、精细服务、精准监管、精诚共治，大幅提高税法遵从度和社会满意度，明显降低征纳成本，充分发挥税收在国家治理中的基础性、支柱性、保障性作用，为推动高质量发展提供有力支撑。

2. 工作原则

坚持党的全面领导，确保党中央、国务院决策部署不折不扣落实到位；坚持依法治税，善于运用法治思维和法治方式深化改革，不断优化税务执法方式，着力提升税收法治化水平；坚持为民便民，进一步完善利企便民服务措施，更好满足纳税人缴费人合理需求；坚持问题导向，着力补短板强弱项，切实解决税收征管中的突出问题；坚持改革创新，深化税务领域“放管服”改革，推动税务执法、服务、监管的理念和方式手段等全方位变革；坚持系统观念，统筹推进各项改革措施，整体性集成式提升税收治理效能。

3. 主要目标

到 2022 年，在税务执法规范性、税费服务便捷性、税务监管精准性上取得重要进展。到 2023 年，基本建成“无风险不打扰、有违法要追究、全过程强智控”的税务执法新体系，实现从经验式执法向科学精确执法转变；基本建成“线下服务无死角、线上服务不打烊、定制服务广覆盖”的税费服务新体系，实现从无差别服务向精细化、智能化、个性化服务转变；基本建成以“双随机、一公开”监管和“互联网 + 监管”为基本手段、以重点监管为补充、以“信用 + 风险”监管为基础的税务监管新体系，实现从“以票管税”向“以数治税”分类精准监管转变。到 2025 年，深化税收征管制度改革取得显著成效，基本建成功能强大的智慧税务，形成国内一流的智能化行政应用系统，全方位提高税务执法、服务、监管能力。

【知识点 2】全面推进税收征管数字化升级和智能化改造

1. 加快推进智慧税务建设

充分运用大数据、云计算、人工智能、移动互联网等现代信息技术，着力推进内外部涉税数据汇聚联通、线上线下有机贯通，驱动税务执法、服务、监管制度创新和业务变革，进一步优化组织体系和资源配置。2022 年基本实现法人税费信息“一户式”、自然人税费信息“一人式”智能归集，2023 年基本实现税务机关信息“一局式”、税务人员信息“一员式”智能归集，深入推进对纳税人缴费人行为的自动分析管理、对税务人员履责的全过程自控考核考评、对税务决策信息和任务的自主分类推送。2025 年实现税务执法、服务、监管与大数据智能化应用深度融合、高效联动、全面升级。

2. 稳步实施发票电子化改革

2021 年建成全国统一的电子发票服务平台，24 小时在线免费为纳税人提供电子发票申领、开具、交付、查验等服务。制定出台电子发票国家标准，有序推进铁路、民航等领域发票电子化，2025 年基本实现发票全领域、全环节、全要素电子化，着力降低制度性交易成本。

3. 深化税收大数据共享应用

探索区块链技术在社会保险费征收、房地产交易和不动产登记等方面的应用，并持续拓展在促进涉税涉费信息共享等领域的应用。不断完善税收大数据云平台，加强数据资源开发利用，持续推进与国家及有关部门信息系统互联互通。2025 年建成税务部门与相关部门常态化、制度化数据共享协调机制，依法保障涉税涉费必要信息获取；健全涉税涉费信息对外提供机制，打造规模大、类型多、价值高、颗粒度细的税收大数据，高效发挥数据要素驱动作用。完善税收大数据安全治理体系和管理制度，加强安全态势感知平台建设，常态化开展数据安全风险评估和检查，健全监测预警和应急处置机制，确保数据全生命周期安全。加强智能化税收大数据分析，不断强化税收大数据在经济运行研判和社会管理等领域的深层次应用。

【知识点 3】不断完善税务执法制度和机制

1. 健全税费法律法规制度

全面落实税收法定原则，加快推进将现行税收暂行条例上升为法律。完善现代税收制度，更好发挥税收作用，促进建立现代财税体制。推动修订税收征收管理法、反洗钱法、发票管理办法等法律法规和规章。加强非税收入管理法制化建设。

2. 严格规范税务执法行为

坚持依法依规征税收费，做到应收尽收。同时，坚决防止落实税费优惠政策不到位、征收“过头税费”及对税收工作进行不当行政干预等行为。全面落实行政执法公示、执法全过程记录、重大执法决定法制审核制度，推进执法信息网上录入、执法程序网上流转、执法活动网上监督、执法结果网上查询，2023 年基本建成税务执法质量智能控制体系。不断完善税务执法及税费服务相关工作规范，持续健全行政处罚裁量基准制度。

3. 不断提升税务执法精确度

创新行政执法方式，有效运用说服教育、约谈警示等非强制性执法方式，让执法既有力度又有温度，做到宽严相济、法理相融。坚决防止粗放式、选择性、“一刀切”执法。准确把握一般涉税违法与涉税犯罪的界限，做到依法处置、罚当其责。在税务执法领域研究推广“首违不罚”清单制度。坚持包容审慎原则，积极支持新产业、新业态、新模式健康发展，以问题为导向完善税务执法，促进依法纳税和公平竞争。

4. 加强税务执法区域协同

推进区域间税务执法标准统一，实现执法信息互通、执法结果互认，更好服务国家区域协调发展战略。简化企业涉税涉费事项跨省迁移办理程序，2022 年基本实现资质异地共认。持续扩大跨省经营企业全国通办涉税涉费事项范围，2025 年基本实现全国通办。

5. 强化税务执法内部控制和监督

2022 年基本构建起全面覆盖、全程防控、全员有责的税务执法风险信息化内控监督体系，将税务执法风险防范措施嵌入信息系统，实现事前预警、事中阻断、事后追责。强化内外部审计监督和重大税务违法案件“一案双查”，不断完善对税务执法行为的常态化、精准化、机制化监督。

【知识点 4】大力推行优质高效智能税费服务

1. 确保税费优惠政策直达快享

2021 年实现征管操作办法与税费优惠政策同步发布、同步解读，增强政策落实的及时性、确定性、一致性。进一步精简享受优惠政策办理流程和手续，持续扩大“自行判别、自行申报、事后监管”范围，确保便利操作、快速享受、有效监管。2022 年实现依法运用大数据精准推送优惠政策信息，促进市场主体充分享受政策红利。

2. 切实减轻办税缴费负担

积极通过信息系统采集数据，加强部门间数据共享，着力减少纳税人缴费人重复报送。全面推行税务证明事项告知承诺制，拓展容缺办理事项，持续扩大涉税资料由事前报送改为留存备查的范围。

3. 全面改进办税缴费方式

2021 年基本实现企业税费事项能网上办理，个人税费事项能掌上办理。2022 年建成全国统一规范的电子税务局，不断拓展“非接触式”“不见面”办税缴费服务。逐步改变以表单为载体的传统申报模式，2023 年基本实现信息系统自动提取数据、自动计算税额、自动预填申报，纳税人缴费人确认或补正后即可线上提交。

4. 持续压减纳税缴费次数和时间

落实《优化营商环境条例》，对标国际先进水平，大力推进税（费）种综合申报，依法简并部分税种征期，减少申报次数和时间。扩大部门间数据共享范围，加快企业出口退税事项全环节办理速度，2022 年税务部门办理正常出口退税的平均时间压缩至 6 个工作日以内，对高信用级别企业进一步缩短办理时间。

5. 积极推行智能型个性化服务

全面改造提升 12366 税费服务平台，加快推动向以 24 小时智能咨询为主转变，2022 年基本实现全国咨询“一线通答”。运用税收大数据智能分析识别纳税人缴费人的实际体验、个性需求等，精准提供线上服务。持续优化线下服务，更好满足特殊人员、特殊事项的服务需求。

6. 维护纳税人缴费人合法权益

完善纳税人缴费人权利救济和税费争议解决机制，畅通诉求有效收集、快速响应和及时反馈渠道。探索实施大企业税收事先裁定并建立健全相关制度。健全纳税人缴费人个人信息保护等制度，依法加强税费数据查询权限和留痕等管理，严格保护纳税人缴费人及扣缴义务人的商业秘密、个人隐私等，严防个人信息泄露和滥用等。税务机关和税务人员违反有关法律法规规定、因疏于监管造成重大损失的，依法严肃追究责任。

【知识点5】加快建设智慧税务

1. 聚焦“三高”目标，着力打造智慧税务新生态

要强化系统思维，建设高集成功能的智慧税务。应用平台集成方面，要将纳税人缴费人端的软件整合到电子税务局，将税务人端的软件整合到智慧办公平台。数据集成方面，要推动部门内外的数据融合与“跨界”流动，建设省级统一的数据资源中心。要强化底线思维，建设高安全性能的智慧税务。完善税收大数据安全治理体系，建立自主可控的开发运维体系，确保数据生命周期安全。要强化大数据思维，建设高应用效能的智慧税务。在纳税人缴费人端，依托“一户式”“一人式”税务数字账户，实时智能归集分析数据，动态感知服务需求和遵从风险。在税务人端，依托“一局式”“一员式”应用平台，实现对各级税务人员的智效管理。在决策人端，依托决策管理指挥平台，助力智慧决策。

2. 以智慧税务为驱动，推进税收征管数字化转型升级

以纳税人缴费人需求为导向，推行高效智能税费服务。重点是构建电子办税为主、线上线下一体融合的服务体系，力争在2023年上半年将税费业务线上办理占比提升至95%以上。按照“一口进，一口出”的原则，将所有依申请事项集中统一受理、统一出件。以分级分类管理为导向，构建“信用+风险”动态监管机制。分级分类厘清省、市、县、分局（所）各层级税收监管职能，特别推动市、县局风险管理实体化运行。依托大数据构建指标、算法、模型，精准识别防范遵从类风险。将内控监督规则、考评标准嵌入系统流程，以自动化联动监控防范管理类风险。以共建共治共享为导向，拓展税收协同共治格局。主动对接“数字政府”等建设。

3. 发挥智慧税务效应，推动税收更好服务中国式现代化

推进发票电子化改革，撬动经济社会数字化转型。推动发票电子化改革在全国渐次铺开，推进电子发票与财政支付、金融支付和各类单位财务系统、电子档案系统的衔接，促进相关领域数字化变革。依托大数据赋能，提升税收服务国家发展能力。构建税收经济运行指数分析体系，提升事前预测、事中监控、事后分析的精准性，服务

经济决策和国家财力保障。依托大数据标签体系推动政策精准快速直达市场主体，探索运用税收大数据缓解企业间资源错配问题，切实服务社会经济发展。拓展智慧税务“小生态”，融入智慧社会“大生态”。探索智慧税务与智慧城市、智慧交通、智慧教育、智慧医疗等各个领域的协同，让税收“数据流”变成促进国家治理、社会治理的“要素流”“价值流”。参与国际税收治理，把握规则制定主动权。争取在数字身份国际标准、跨境业务数据交互等课题上取得突破，把握数字化转型规则制定的主动权，加强国际税收合作，分享智慧税务“中国方案”，推动构建智智相连的全球税收治理格局。

【知识点6】精准实施税务监管

1. 建立健全以“信用＋风险”为基础的新型监管机制

健全守信激励和失信惩戒制度，充分发挥纳税信用在社会信用体系中的基础性作用。建立健全纳税缴费信用评价制度，对纳税缴费信用高的市场主体给予更多便利。在全面推行实名办税缴费制度基础上，实行纳税人缴费人动态信用等级分类和智能化风险监管，既以最严格的标准防范逃避税，又避免影响企业正常生产经营。健全以“数据集成＋优质服务＋提醒纠错＋依法查处”为主要内容的自然人税费服务与监管体系。依法加强对高收入高净值人员的税费服务与监管。

2. 加强重点领域风险防控和监管

对逃避税问题多发的行业、地区和人群，根据税收风险适当提高“双随机、一公开”抽查比例。对隐瞒收入、虚列成本、转移利润以及利用“税收洼地”“阴阳合同”和关联交易等逃避税行为，加强预防性制度建设，加大依法防控和监督检查力度。

3. 依法严厉打击涉税违法犯罪行为

充分发挥税收大数据作用，依托税务网络可信身份体系对发票开具、使用等进行全环节即时验证和监控，实现对虚开骗税等违法犯罪行为惩处从事后打击向事前事中精准防范转变。健全违法查处体系，充分依托国家“互联网＋监管”系统多元数据汇聚功能，精准有效打击“假企业”虚开发票、“假出口”骗取退税、“假申报”骗取税费优惠等行为，保障国家税收安全。对重大涉税违法犯罪案件，依法从严查处曝光并按照有关规定纳入企业和个人信用记录，共享至全国信用信息平台。

【知识点7】持续深化拓展税收共治格局

1. 加强部门协作

大力推进会计核算和财务管理信息化，通过电子发票与财政支付、金融支付和各类单位财务核算系统、电子档案管理信息系统的衔接，加快推进电子发票无纸化报销、入账、归档、存储。持续深化“银税互动”，助力解决小微企业融资难融资贵问题。加强情报交换、信息通报和执法联动，积极推进跨部门协同监管。

2. 加强社会协同

积极发挥行业协会和社会中介组织作用，支持第三方按市场化原则为纳税人提供个性化服务，加强对涉税中介组织的执业监管和行业监管。大力开展税费法律法规的普及宣传，持续深化青少年税收法治教育，发挥税法宣传教育的预防和引导作用，在全社会营造诚信纳税的浓厚氛围。

3. 强化税收司法保障

公安部门要强化涉税犯罪案件查办工作力量，做实健全公安派驻税务联络机制。实行警税双方制度化、信息化、常态化联合办案，进一步畅通行政执法与刑事执法衔接工作机制。检察机关发现负有税务监管相关职责的行政机关不依法履责的，应依法提出检察建议。完善涉税司法解释，明晰司法裁判标准。

4. 强化国际税收合作

深度参与数字经济等领域的国际税收规则和标准制定，持续推动全球税收治理体系建设。落实防止税基侵蚀和利润转移行动计划，严厉打击国际逃避税，保护外资企业合法权益，维护我国税收利益。不断完善“一带一路”税收征管合作机制，支持发展中国家提高税收征管能力。进一步扩大和完善税收协定网络，加大跨境涉税争议案件协商力度，实施好对所得避免双重征税的双边协定，为高质量引进来和高水平走出去提供支撑。

【知识点8】强化税务组织保障

1. 优化征管职责和力量

强化市县税务机构在日常性服务、涉税涉费事项办理和风险应对等方面的职责，适当上移全局性、复杂性税费服务和管理职责。不断优化业务流程，合理划分业务边界，科学界定岗位职责，建立健全闭环管理机制。加大人力资源向风险管理、税费分析、大数据应用等领域倾斜力度，增强税务稽查执法力量。

2. 加强征管能力建设

坚持更高标准、更高要求，着力建设德才兼备的高素质税务执法队伍，加大税务领军人才和各层次骨干人才培养力度。高质量建设和应用学习兴税平台，促进学习日常化、工作学习化。

3. 改进提升绩效考评

在实现税务执法、税费服务、税务监管行为全过程记录和数字化智能归集基础上，推动绩效管理渗入业务流程、融入岗责体系、嵌入信息系统，对税务执法等实施自动化考评，将法治素养和依法履职情况作为考核评价干部的重要内容，促进工作质效持续提升。

>> 第四节 纳税服务

一 纳税服务理念

【知识点 1】纳税服务的概念

纳税服务，是指税务机关依据税收法律、行政法规的规定，在税收征收、管理、检查和实施税收法律救济过程中，向纳税人提供的服务事项和措施。

【知识点 2】纳税服务的性质

纳税服务是税务机关依法提供的一种无偿的公共服务。纳税服务属于公共服务的范畴，在提供过程中，税务机关应遵循基本公共服务均等化的理念，满足所有纳税人办理涉税事项的合理需要，税务机关应当按照公平、普遍的原则来提供。

【知识点 3】纳税服务的目标

纳税服务的目标是帮助纳税人了解税法，提高纳税人的满意度，使纳税人受益或感受便利，这种受益或便利具体表现为获得税收知识，享受政策，减少办税过程中的时间、精力、物力等成本，目的是提高税法遵从度。

【知识点 4】纳税服务与税收征管之间的关系及作用

纳税服务与税收征管之间是相互依存、辩证统一、互相促进的关系。纳税服务在现代税收管理体系中的作用体现在：实行服务管理联动，合力促进纳税遵从；促进纳税还权还责，把握服务供给尺度；推进办税便利化改革，助力分类分级管理。

二 纳税服务内容

纳税服务内容主要包括税法宣传、纳税咨询、办税服务、权益保护、信用管理和社会协作 6 个方面。

【知识点 1】税法宣传是法定职责

税务机关应当广泛宣传税收法律、行政法规，普及纳税知识，无偿地为纳税人提供纳税咨询服务。

【知识点2】税法日常宣传内容

税务机关在日常工作中开展的宣传，其内容可以分为两大类：

（1）税收政策宣传，对税收政策及其解读进行宣传；

（2）办税流程宣传，对涉税事项的办理渠道、报送资料、办理程序、办理方法等进行宣传。

【知识点3】纳税咨询服务的概念

纳税咨询服务有广义和狭义之分。

广义的纳税咨询，是指纳税人就纳税方面的问题向解答方询问，解答方凭借其对税收法规、政策的了解程度提出解决方案的过程和活动。这里的解答方包括税务机关和会计师事务所、税务师事务所等涉税专业服务机构。

狭义的纳税咨询，是指税务机关提供的纳税咨询服务，主要指税务机关设立专门机构或者利用现有的人力、物力资源，为纳税人提供针对税收方面的答疑解惑，涉及内容主要有税收法律法规、税收政策、办税程序及有关涉税事项等。

通过纳税咨询，有利于纳税人准确理解税收政策和掌握办税程序，减轻纳税人办税负担，规避税收风险。

【知识点4】纳税咨询的形式

纳税咨询的形式主要包括电话咨询、互联网咨询和面对面咨询3种形式。

（1）电话咨询，是指税务机关通过对外公开的咨询服务电话解答公众和纳税人提出的涉税问题。

（2）互联网咨询，是指税务机关通过互联网为公众和纳税人提供涉税咨询服务。

（3）面对面咨询，是指税务机关为公众和纳税人提供面对面咨询服务。

【知识点5】办税服务制度

办税服务制度包括文明服务、优质服务、便利服务3个方面。

（1）文明服务，是指税务机关工作人员在为纳税人提供办税服务时，所应遵循的着装规范、仪容举止、岗前准备、服务用语、接待规范和服务纪律等方面的要求。

（2）优质服务，是指税务机关在为纳税人提供办税服务时，为了提高服务质效所应遵循的各项服务制度。主要包括：①首问责任制；②领导值班；③办税公开；④导税服务；⑤一次性告知；⑥延时服务；⑦限时服务；⑧提醒服务；⑨预约服务等。

（3）便利服务，是指税务机关在为纳税人提供办税服务时，为减轻纳税人办税负担而提供的各项办税便利化措施。主要包括：①免填单服务；②24 小时自助服务；③通办服务等。

【知识点6】纳税人权利与义务

纳税人在履行纳税义务过程中，依法享有下列权利：①知情权；②保密权；③税收监督权；④纳税申报方式选择权；⑤申请延期申报权；⑥申请延期缴纳税款权；⑦申请退还多缴税款权；⑧依法享受税收优惠权；⑨委托税务代理权；⑩陈述与申辩权；⑪对未出示税务检查证和税务检查通知书的拒绝检查权；⑫税收法律救济权；⑬依法要求听证的权利；⑭索取有关税收凭证的权利。

依照宪法、税收法律和行政法规的规定，纳税人在纳税过程中负有以下义务：①依法进行市场主体登记的义务；②依法设置账簿、保管账簿和有关资料，以及依法开具、使用、取得和保管发票的义务；③财务会计制度和会计核算软件备案的义务；④按照规定安装、使用税控装置的义务；⑤按时、如实申报的义务；⑥按时缴纳税款的义务；⑦代扣、代收税款的义务；⑧接受依法检查的义务；⑨及时提供信息的义务；⑩报告其他涉税信息的义务。

【知识点7】纳税人需求管理

通过税务网站、纳税服务热线、办税服务厅或召开座谈会等多种形式，定期收集关于税收政策、征收管理、纳税服务及权益保护等方面的纳税人需求，并逐步实现通过信息化手段进行收集、整理、分析。及时解决本级职权可以处理的纳税人正当、合理需求；及时呈报需要上级税务机关解决的事项；对于暂时不能解决的纳税人合理需求，应当分析原因、密切跟踪，待条件具备时主动采取措施予以解决；对于已经处理的纳税人需求，应通过电话回访、问卷调查、随机抽查等形式，对相关措施的实际效果进行评估，未达到预期效果的，及时采取措施进一步解决。通过收集、分析、处理和持续的效果评估，实现纳税人需求的动态管理。

纳税人需求管理应遵循依法服务、科学高效、统筹协调和自愿参与的工作原则。税务机关开展纳税人需求管理包括需求征集、需求分析、需求响应和结果运用四个环节。税务机关应加强对需求结果的应用：一是改进工作，二是辅助决策，三是定期公开。

【知识点8】纳税人满意度调查

在国家税务总局每 2 年开展一次全国纳税人满意度调查的基础上，省级税务机关可以适时开展对具体服务措施的满意度调查，但原则上在一个年度内不得对纳税人进行重复调查，以免增加纳税人负担。税务机关应当对调查获取的信息进行深入分析、合理应用，及时整改存在的问题和不足，逐步完善服务措施，使有限的服务资源发挥出最大的效能。

纳税人满意度调查类型分为全面调查、专项调查和日常调查。

各级税务机关可自行组织或委托第三方专业机构实施调查，可采用电话、网络、信函、入户走访、窗口服务评价等方式开展。调查指标主要包括各级税务机关在政策落实、规范执法、服务质效、信息化建设、廉洁自律等方面的情况。

税务机关开展纳税人满意度调查包括制定方案、调查准备、调查实施、统计汇总、数据分析、形成报告、资料归档及其他八个环节。税务机关应加强对纳税人满意度调查结果的应用：一是考核通报，二是改进工作，三是外部反馈，四是需求管理。

【知识点9】涉税信息查询

涉税信息查询，是指税务机关依法对外提供的信息查询服务。可以查询的信息包括由税务机关专属掌握可对外提供查询的信息，以及有助于纳税人履行纳税义务的税收信息。涉税咨询、依申请公开信息不属于涉税信息查询。

社会公众可以通过报刊、网站、信息公告栏等公开渠道查询税收政策、重大税收违法案件信息、非正常户认定信息等依法公开的涉税信息。税务机关应当对公开涉税信息的查询途径及时公告，方便社会公众查询。

纳税人可以通过网站、客户端软件、自助办税终端等渠道，经过有效身份认证和识别，自行查询税费缴纳情况、纳税信用评价结果、涉税事项办理进度等自身涉税信息。

对于纳税人无法自行获取所需自身涉税信息，可以向税务机关提出书面申请，税务机关应当在本单位职责权限内予以受理。纳税人书面申请查询，要求税务机关出具书面查询结果的，税务机关应当出具《涉税信息查询结果告知书》。涉税信息查询结果不作为涉税证明使用。

纳税人本人（法定代表人或主要负责人）授权其他人员代为书面申请查询，应当提交以下资料：①涉税信息查询申请表；②纳税人本人（法定代表人或主要负责人）有效身份证件复印件；③经办人员有效身份证件原件及复印件；④由纳税人本人（法定代表人或主要负责人）签章的授权委托书。

纳税人对查询结果有异议，可以向税务机关申请核实，并提交相关资料。

税务机关应当对纳税人提供的异议信息进行核实，并将核实结果告知纳税人。税务机关确认涉税信息存在错误，应当及时进行信息更正。

各级税务机关应当采取有效措施，切实保障涉税信息查询安全可控。对于未按规定提供涉税信息或泄露纳税人信息的税务人员，应当按照有关规定追究责任。

【知识点10】纳税服务投诉管理

严格执行《纳税服务投诉管理办法》（国家税务总局公告2019年第27号修订发布），各级税务机关应配备专门的纳税服务投诉管理人员，健全内部管理机制，畅通投诉受理渠道，规范统一处理流程，利用信息化手段，建立纳税服务投诉“受理、承办、转办、督办、反馈、分析和持续改进”一整套流程的处理机制。定期对投诉事项进行总结、分析和研究，及时发现带有倾向性和普遍性的问题，提出预防和解决的措施，实现从被动接受投诉到主动预防投诉的转变。

各级税务机关的纳税服务部门是纳税服务投诉的主管部门，负责纳税服务投诉的接收、受理、调查、处理、反馈等事项。需要其他部门配合的，由纳税服务部门进行统筹协调。

税务机关应当建立纳税服务投诉事项登记制度，记录投诉时间、投诉人、被投诉人、联系方式、投诉内容、受理情况及办理结果等有关内容。

纳税服务投诉范围包括：①纳税人对税务机关工作人员服务言行进行的投诉；②纳税人对税务机关及其工作人员服务质效进行的投诉；③纳税人对税务机关及其工作人员在履行纳税服务职责过程中侵害其合法权益的行为进行的其他投诉。

纳税人可以通过网络、电话、信函或者当面等方式提出投诉。

纳税人进行纳税服务投诉原则上以实名提出。

纳税人对纳税服务的投诉，可以向本级税务机关提交，也可以向其上级税务机关提交。

税务机关应在规定时限内将处理结果以适当形式向投诉人反馈。反馈时应告知投诉人投诉是否属实，对投诉人权益造成损害的行为是否终止或改正；不属实的投诉应说明理由。

【知识点11】纳税人纳税信用管理

税务机关负责纳税人纳税信誉等级评定工作。纳税人纳税信誉等级的评定办法由国家税务总局制定。

纳税信用管理是指税务机关对纳税人的纳税信用信息开展的采集、评价、确定、发布和应用等活动。

《纳税信用管理办法（试行）》（国家税务总局公告2014年第40号发布）适用于已办理市场主体登记，从事生产、经营并适用查账征收的企业纳税人。

根据《国家税务总局关于纳税信用管理有关事项的公告》（国家税务总局公告2020年第15号）非独立核算分支机构可自愿参与纳税信用评价。

纳税信用信息采集，是指税务机关对纳税人纳税信用信息的记录和收集。

纳税信用信息包括纳税人信用历史信息、税务内部信息、外部信息。

纳税信用评价采取年度评价指标得分和直接判级方式。评价指标包括税务内部信息和外部评价信息。纳税信用评价周期为一个纳税年度。

纳税信用评价结果的确定和发布遵循谁评价、谁确定、谁发布的原则。税务机关每年 4 月确定上一年度纳税信用评价结果，并为纳税人提供查询服务。对纳税信用评价结果，按分级分类原则，依法有序开放。

自 2020 年 11 月 1 日起，纳税人对指标评价情况有异议的，可在评价年度次年 3 月填写《纳税信息复评（核）申请表》，向主管税务机关提出复核，主管税务机关在开展年度评价时审核调整，并随评价结果向纳税人提供复核情况的自我查询服务。

税务机关按照守信激励，失信惩戒的原则，对不同信用级别的纳税人实施分类服务和管理。

按照《国家税务总局关于进一步加大增值税期末留抵退税政策实施力度有关征管事项的公告》（国家税务总局公告 2022 年第 4 号）规定办理留抵退税的小微企业、制造业等行业纳税人，需同时符合以下条件：①纳税信用等级为 A 级或者 B 级；②申请退税前 36 个月未发生骗取留抵退税、骗取出口退税或虚开增值税专用发票情形；③申请退税前 36 个月未因偷税被税务机关处罚两次及以上；④2019 年 4 月 1 日起未享受即征即退、先征后返（退）政策。

纳税人申请增值税留抵退税，以纳税人向主管税务机关提交《退（抵）税申请表》时点的纳税信用级别确定是否符合申请留抵退税条件。已完成退税的纳税信用 A 级或 B 级纳税人，因纳税信用年度评价、动态调整等原因，纳税信用级别不再是 A 级或 B 级的，其已取得的留抵退税款不需要退回。

适用增值税一般计税方法的个体工商户，可自《国家税务总局关于进一步加大增值税期末留抵退税政策实施力度有关征管事项的公告》（国家税务总局公告 2022 年第 4 号）发布之日起，自愿向主管税务机关申请参照企业纳税信用评价指标和评价方式参加评价，并在以后的存续期内适用国家税务总局纳税信用管理相关规定。对于已按照省税务机关公布的纳税信用管理办法参加纳税信用评价的，也可选择沿用原纳税信用级别，符合条件的可申请办理留抵退税。

【知识点 12】税务机关对涉税专业服务的监管

涉税专业服务机构，是指税务师事务所和从事涉税专业服务的会计师事务所、律师事务所、代理记账机构、税务代理公司、财税类咨询公司等机构。

涉税专业服务机构可以从事下列涉税业务：①纳税申报代理；②一般税务咨询；③专业税务顾问；④税收策划；⑤涉税鉴证；⑥纳税情况审查；⑦其他税务事项代理；⑧其他涉税服务。第③项至第⑥项涉税业务，应当由具有税务师事务所、会计师事务所、律师事务所资质的涉税专业服务机构从事，相关文书应由税务师、注册会计师、律师签字，并承担相应的责任。

税务机关涉税专业服务监管的主要内容：

（1）涉税专业服务机构行政登记管理，根据国务院第 91 次常务会议决定，将“税务师事务所设立审批”调整为“具有行政登记性质的事项”，应当对税务师事务所实施行政登记管理。

（2）实名制管理，对涉税专业服务机构及其从事涉税服务人员进行实名制管理。税务机关依托金税三期应用系统，建立涉税专业服务管理信息库。

（3）资料报送和留存备查，应当建立业务信息采集制度，利用现有的信息化平台分类采集业务信息，加强内部信息共享，提高分析利用水平。涉税专业服务机构应当以年度报告形式，向税务机关报送从事涉税专业服务的总体情况。

（4）信用评价管理，应当建立信用评价管理制度，对涉税专业服务机构从事涉税专业服务情况进行信用评价，对其从事涉税服务人员进行信用记录。

（5）执业情况检查，对涉税专业服务机构从事涉税专业服务的执业情况进行检查，根据举报、投诉情况进行调查。

（6）利用行业协会监督指导，应当加强对税务师行业协会的监督指导，与其他相关行业协会建立工作联系制度。可以委托行业协会对涉税专业服务机构从事涉税专业服务的执业质量进行评价。

根据中共中央办公厅、国务院办公厅印发的《关于进一步深化税收征管改革的意见》关于加强对涉税中介组织的执业监管和行业监管的要求，针对涉税中介领域出现的新情况、新问题，国家税务总局、国家互联网信息办公室、国家市场监督管理总局印发《关于规范涉税中介服务行为 促进涉税中介行业健康发展的通知》（税总纳服发〔2022〕34 号），重点规范以下涉税中介服务行为：

（1）涉税中介通过各类自媒体、互联网平台以对避税效果作出保证性承诺为噱头招揽业务，以利用注册“空壳”企业、伪造享受税收优惠资质等方式，帮助纳税人偷逃税款或骗取享受税收优惠为目的，违规提供税收策划服务的问题。

（2）涉税中介通过各类自媒体、互联网平台发布涉税服务虚假宣传及广告信息，妨碍市场公平竞争、损害委托人利益的问题。

（3）涉税中介通过各类自媒体、互联网平台发布不实信息，歪曲解读税收政策，扰乱正常税收秩序的问题。

税务部门牵头负责、协调各有关部门联合开展工作。税务部门监测涉税中介发布的违法违规信息，并对相关信息进行甄别。对涉嫌虚假宣传的，要将发布主体和发布平台的信息推送给网信和市场监管部门处理；对涉嫌虚假广告的，要将广告主、广告发布者及发布内容推送给市场监管部门确认处理；对涉嫌歪曲解读税收政策以及违规提供税收策划服务的，要依法依规进行调查处理，并将涉税中介发布虚假广告等违法违规行为纳入信用管理。

>>第五节 税收相关法律知识

一 税务行政法律关系与税务行政行为

【知识点1】税务行政法律关系的概念

税务行政法律关系，是指由税法设立并受税法规范和调整的税务机关与其税务行政相对人之间的权利义务关系。

税务行政法律关系的特征包括：①税务行政法律关系中，有一方当事人必须是税务机关。②税务行政法律关系中，税务行政机关与其行政相对人之间的权利义务具有不对等性，主要表现为行政主体在作出行政行为时，无须征得行政相对人的同意；行政主体作出的生效的行政行为，行政相对人必须履行；行政诉讼中主要由行政机关负举证责任。③税务行政法律关系中，税务行政机关与行政相对人之间的权利义务是法定的，税务行政机关与其相对人必须依法享有权利与承担义务。

【知识点2】税务行政法律关系的要素

税务行政法律关系的要素包括主体、客体和内容。

税务行政主体主要是各级税务机关，它是指依法享有国家征税权，能够以自己的名义进行税务行政管理活动，并独立承担由此产生的法律责任的税务行政组织，包括各级税务机关和法律、法规授权的税务机构。

税务行政相对人，是指在税务行政法律关系中被税务行政主体管理的一方当事人，即与税务行政主体相对应的，受行政权力作用或行政行为约束的另一方主体。

【知识点3】税务行政法律关系的内容

税务行政法律关系的内容，是指税务行政法律关系主体在税务行政法律关系中所享有的权利和所承担的义务。税务行政法律关系的内容是连接税务行政法律关系主体之间的纽带。既包括税务行政主体的权利与义务，也包括税务行政相对人的权利与义务。

税务行政职权主要表现为：行政立法权、行政决策权、行政决定权、行政命令权、行政制裁权、行政强制权、行政司法权等。税务行政主体的职权是国家征税权的具体表现形式。

税务行政相对人的权利，是指税务行政法律关系中的税务行政相对人，依照税法规定享有的为一定行为或不为一定行为的资格。即税务行政相对人可以选择是否为一定行为，也可以自动放弃。

税务行政关系的客体，是指税务行政法律关系主体的权利义务所指向的标的、目标或对象，包括物和行为两大类。

【知识点4】税务行政行为的概念

税务行政行为，是指税务行政主体为实现国家税务行政管理目的所实施的具有法律意义并产生法律效果的活动。

税务行政行为的主体是税务行政主体。税务机关的工作人员，其在职权范围之内以税务机关名义行使行政职权时，作出的行为也属于税务行政行为。

税务行政行为的目的是履行国家税务行政管理的职责，实现国家税务行政管理的目标。

税务行政行为的表现形式是行使税务行政权力，是国家行政权的直接体现。

税务行政行为是具有法律意义、产生行政法律效果的行为。具有法律意义是指法律明确规定了该税务行政行为实施的法律依据。产生的法律效果是指能够产生法律上规定的状态或结果。

【知识点5】税务行政行为的分类

以行政行为的对象是否特定为标准，行政行为分为抽象行政行为与具体行政行为。抽象行政行为，是指行政主体以不特定的人或事为管理对象，制定具有普遍约束力的规范性文件的行政行为。具体行政行为，是指行政主体在行政管理过程中，针对特定的人或事采取具体措施的行为，其行为的内容和结果将直接影响某一个人或组织的权利或义务，其最突出的特点就是行为对象的特定化和具体化。

以行政行为的适用与效力作用的对象范围为标准，行政行为分为内部行政行为与外部行政行为。内部行政行为，是指行政主体在内部行政组织管理过程中所作出的只对行政组织内部产生法律效力的行政行为。外部行政行为，是指行政主体在对社会实施行政管理过程中，针对公民、法人或其他组织作出的行政行为。

以行政行为受法律约束的程度为标准，行政行为分为羁束行政行为与自由裁量行政行为。羁束行政行为，是指法律规范对行政行为的范围、条件、标准、方式、程序等作了较详细、具体、明确规定的行政行为。自由裁量行政行为，是指法律规范仅对行为目的、行为范围等作出原则性的规定，而将行为具体条件、标准、幅度、方式等留给行政主体自行选择、决定的行政行为。

以行政主体是否可以主动作出行政行为为标准，行政行为分为依职权的行政行为与依申请的行政行为。依职权的行政行为，是指行政行为依据法律设定或授予的职权，无须相对方的申请而主动实施的行政行为。依申请的行政行为，是指行政主体必须根据相对方的申请才能实施的行政行为，未经对方的请求，行政主体不能主动作出行政行为。

以行政行为是否应当具备一定的法定形式为标准，行政行为分为要式行政行为与非要式行政行为。要式行政行为，是指必须具备某种法定形式或遵守法定程序才能成立生效的行政行为。非要式行政行为，是指无须一定方式和程序，无论采取何种形式都可以成立的行政行为。

【知识点6】税务行政行为的生效要件

即时生效，是指税务行政行为一经作出立即生效，在这种情况下，税务行政行为成立的时间就是生效时间。

受领生效，是指税务机关的税务行政行为必须经行政相对人受领相关法律文书后方能生效。

附条件生效，是指税务行政行为的生效附有一定期限或条件，当期限来到或条件满足时，税务行政行为才能够生效。

二 优化税务执法方式 全面推行“三项制度”

【知识点1】税务系统全面推行“三项制度”的内容

“三项制度”，是指行政执法公示制度、行政执法全过程记录制度和重大执法决定法制审核制度。

行政执法公示，是指行政机关在行政执法事前、事中和事后 3 个环节，依法及时主动向行政相对人和社会公开有关行政执法信息的活动。

行政执法全过程记录，是指行政机关采用文字、音像记录的形式，对税务执法的启动、调查取证、审核决定、送达执行等全部过程进行记录，并全面系统归档保存，实现执法全过程留痕和可回溯管理的活动。

重大执法决定法制审核，是指行政机关作出重大执法决定前，由法制审核机构对决定的合法性进行审核的活动。

【知识点2】税务系统全面推行“三项制度”的基本原则

坚持稳中求进。坚持法定职责必须为、法无授权不可为，周密部署、细致安排、精心组织，加强指导，强化监督，充分借鉴试点经验，分步有序实施，积极稳妥推行。

坚持科学规范。坚持从实际出发，尊重税收工作规律和法治建设规律，深入调查研究，广泛听取意见，确保统一规范，防止脱离实际、各行其是。

坚持优化创新。聚焦基层执法实践需要，在确保统一规范的基础上，鼓励支持因地制宜、符合实际的探索创新，着力解决税务执法突出问题，提高执法质效。

坚持统筹协调。注重运用系统思维，做到制度化、规范化、信息化一体建设，加强制度融合、资源整合、信息聚合，推进集约高效，不搞重复建设。

坚持便利高效。牢固树立以人民为中心的发展思想，方便纳税人和缴费人及时获取税务执法信息、便捷办理各种手续、有效监督执法活动。强化为基层服务意识，能由税务总局做的不要省局承担，能在税务总局、省局层面解决的不交给基层，形成上下联动、协同推进的合力。

【知识点3】税务系统全面推行“三项制度”的工作目标

立足当前、着眼长远，坚持不懈、积极作为，逐步实现“三项制度”在各级税务机关全面推行，在税务执法过程中全面落实，行政处罚、行政强制、行政检查、行政征收、行政许可等行为得到有效规范。税务执法信息公示制度机制不断健全，执法行为过程信息全程记载，重大执法决定法制审核全面覆盖，全面实现执法信息公开透明、执法全过程可回溯管理、执法决定合法有效，行政自由裁量权得到有效约束，税务执法能力和水平大幅提升，税务执法社会满意度显著提高。

三 税务行政许可

【知识点1】行政许可的基本知识

行政许可是国家管理社会经济事务的一种有效手段，是行政机关根据公民、法人或者其他组织的申请，经依法审查，准予其从事特定活动的行为。

行政许可是依申请的行政行为、要式行政行为、授益性行政行为、外部行政行为，行政许可的内容是国家一般禁止的活动。

行政许可分为一般许可、特许、认可、核准等，并针对不同许可的特点有不同程序。

行政许可的基本原则包括：合法性原则、公开公平公正原则、便民原则、救济原则及信赖保护原则。

【知识点2】税务行政许可的基本规定

税务行政许可，是指税务机关根据纳税人或者其他当事人的申请，经依法审查，准予其从事特定税务活动的行为。

税务行政许可由具有行政许可权的税务机关在法定权限内实施，各级税务机关下属的事业单位一律不得实施行政许可。税务机关是否具有行政许可权，由设定税务行政许可的法律、法规确定。没有法律、法规的规定，税务机关不得委托其他机关实施税务行政许可。

税务行政许可的实施程序一般包括：公示许可事项、提出申请、受理审查、审查、变更与延续。

申请人申请材料存在可以当场更正的错误的，应当告知并允许申请人当场更正。申请材料不齐全或者不符合法定形式的，应当当场或者在 5 日内一次告知申请人需要补正的全部内容，逾期不告知的，自收到申请材料之日起即为受理。

听证不是作出税务行政许可决定的必经程序，但是对于下列事项，税务机关应当举行听证：①法律、法规、规章规定实施税务行政许可应当听证的事项；②税务机关认为需要听证的其他涉及公共利益的许可事项；③税务行政许可直接涉及申请人与他人之间重大利益关系的事项。

作出许可决定的期限有 3 种情形：一是当场作出许可决定；二是行政机关应当自受理行政许可申请之日起 20 日内作出行政许可决定，20 日内不能作出决定的，经本行政机关负责人批准，可以延长 10 日，并应当将延长期限的理由告知申请人；三是行政许可采取统一办理或者联合办理、集中办理的，办理的时间不得超过 45 日。

税务行政许可有有效期限的，被许可人需要延续依法取得的行政许可的有效期的，应当在该行政许可有效期届满 30 日前向作出行政许可决定的行政机关提出申请。

税务行政许可所依据的法律、法规修改或废止，或者准予行政许可所依据的客观情况发生重大变化的，为了公共利益的需要，税务机关可以依法变更或者撤回已经生效的税务行政许可。对被依法撤回的税务行政许可，税务机关应当依法办理相关注销手续。

【知识点3】税务行政许可事项

2022 年，税务总局发布《税务行政许可事项清单（2022 年版）》，编列了“增值税防伪税控系统最高开票限额审批”1 项税务行政许可事项。“对纳税人延期缴纳税款的核准”“对纳税人延期申报的核准”“对纳税人变更纳税定额的核准”“对采取实际利润额预缴以外的其他企业所得税预缴方式的核定”“企业印制发票审批”等 5 个事项不再作为行政许可事项管理。

四 税务行政处罚

【知识点1】税务行政处罚的概念及特征

税务行政处罚，是指税务行政处罚主体依法对行政相对人违反税收征管制度和税收征管秩序的行为所实施的制裁。

税务行政处罚的主体是拥有处罚权的税务机关。拥有处罚权的行政机关或者法律、法规授权的组织，才可以实施行政处罚。

税务行政处罚的对象是行政相对人。

税务行政处罚的前提是行政相对人实施了税收违法行为，这表明行政处罚是行政相对人因违法而承担的一种行政责任，不是刑事责任或民事责任。

税务行政处罚是税务机关依法作出的一种具体行政行为，具有惩治和制裁性质。

【知识点2】税务行政处罚的基本原则

处罚法定原则。公民、法人或其他组织的人身和财产权利非经法定程序不受剥夺或限制。行政处罚是因行政相对人违法而对其人身自由、经营活动和财产权利的一种限制，所以实施处罚时必须严格遵循法定原则。税务行政处罚法定原则主要包含处罚依据法定、处罚主体法定、处罚权限法定和处罚程序法定等。

处罚公正、公开原则。行政处罚遵循公正、公开的原则。设定和实施行政处罚必须以事实为依据，与违法行为的事实、性质、情节及社会危害程度相当。对违法行为给予行政处罚的规定必须公布；未经公布的，不得作为行政处罚的依据。

处罚与教育相结合原则，是指设定和实施行政处罚既要体现对违法行为的制裁，又要贯彻教育违法者自觉守法的精神，实现制裁与教育的双重功能。

保障相对人权利原则。纳税人在行政处罚过程中享有知情权、陈述权和申辩权等；在处罚决定作出后，当事人如对处罚决定不服，则享有依法提起行政复议、行政诉讼和申请国家赔偿等权利。

职能分离原则。在行政机关内部运用分权原则，要求行政机关将其内部的某些相关职能加以分离，使之分属于不同的机构或不同的工作人员掌管或行使，以便在行政机关内部建立起相互制约机制，控制权力专断。税务行政处罚领域的职能分离原则主要体现在以下方面：

（1）税务机关对涉税违法行为的调查机构与审理机构分离；

（2）作出罚款决定的税务机关与收缴罚款的机构分离；

（3）税务处罚案件听证主持人与调查、检查人员分离；

（4）行政机关执法人员当场作出的处罚决定应向所属行政机关备案等。

行政处罚不免除民事责任、不取代刑事责任原则。税务机关依法对涉税违法行为给予的行政处罚，并不免除施害方对第三方应承担的民事赔偿责任，也不能取代其应承担的刑事责任。需要移交司法机关的，税务机关要依法将案件进行移交。

【知识点3】税务行政处罚的种类及设定

行政处罚的种类共有六类：①警告、通报批评；②罚款、没收违法所得、没收非法财物；③暂扣许可证件、降低资质等级、吊销许可证件；④限制开展生产经营活动、责令停产停业、责令关闭、限制从业；⑤行政拘留；⑥法律、行政法规规定的其他行政处罚。

目前法律、法规、规章明确的税务行政处罚的种类有四种：罚款；没收非法财物、没收违法所得；停止办理出口退税权以及吊销发票准印证。

法律可以设定各种行政处罚，限制人身自由的行政处罚只能由法律设定；行政法规可以设定除限制人身自由以外的行政处罚；地方性法规可以设定除限制人身自由和吊销营业执照以外的行政处罚；部门规章和地方政府规章可以设定警告、通报批评或者一定数额罚款的行政处罚。

税收规范性文件虽不能设定税务行政处罚，却可以在上位法对行政处罚设定的基础上，进一步细化和完善。不过无论如何细化和完善，都不能突破上位法设定的行政处罚的种类、范围和幅度。

【知识点4】税务行政处罚注意事项

当前税务行政处罚的主体包括：各级税务局、税务分局、税务所和省以下税务局的稽查局。

税务行政处罚的相对人也就是受处罚的对象，既可以是纳税人、扣缴义务人，也可以是纳税担保人和其他税务行政相对人，依法享有知情权、陈述权和申辩权、申请听证权、拒绝不正当处罚的权利、其他法定权利。

对当事人的同一个违法行为，不得给予 2 次以上罚款的行政处罚。同一违法行为违反多个法律规范应当给予罚款处罚的，按照罚款数额高的处罚。

下列 5 种情形可免于处罚：①违法行为超过处罚时效，不予处罚；②未满 14 周岁的未成年人、精神病人、智力残疾人在不能辨认或不能控制自己行为时实施的行为，不予处罚；③违法行为轻微并及时纠正，未造成危害后果的，不予处罚；④初次违法且危害后果轻微并及时改正的，可以不予行政处罚；⑤当事人有证据可以证明没有主观过错的，不予行政处罚。

从轻、减轻处罚的情形。下列情形可以从轻或减轻处罚：①主动消除或者减轻违法行为危害后果的；②受他人胁迫有违法行为的；③配合行政机关查处违法行为有立功表现的；④已满14周岁不满18周岁的人有违法行为的；⑤其他依法从轻或者减轻行政处罚的。

违法行为在2年内未被发现的，不再给予行政处罚。法律另有规定的除外。涉及公民生命健康安全、金融安全且有危害后果的，上述期限延长至5年。

违反税收法律、行政法规应当给予行政处罚的行为，在5年内未被发现的，不再给予行政处罚。

五 税务行政强制

【知识点1】行政强制的概念和原则

行政强制，是指法定的行政强制主体为维持公共秩序或为履行已经生效的行政决定，而对行政相对人的人身、财产或行为采取强制性措施的具体行政行为。

行政强制分为行政强制措施与行政强制执行。行政强制措施一般是行政机关在行政决定作出前所采取的强制手段，行政强制执行则是在行政决定作出后，为了执行和实现行政决定内容所采取的强制手段；行政强制措施都是暂时性的，而行政强制执行是终局性的。

行政强制遵循合法性原则、合理性原则、教育与强制相结合原则、权利救济原则。

【知识点2】行政强制的种类和设定

行政强制措施，是指行政机关在行政管理过程中，为制止违法行为、防止证据损毁、避免危害发生、控制危险扩大等情形，依法对公民的人身自由实施暂时性限制，或者对公民、法人或者其他组织的财物实施暂时性控制的行为。

行政强制措施的种类包括：限制公民人身自由，查封场所、设施或者财物，扣押财物，冻结存款、汇款以及其他行政强制措施等。

行政强制措施由法律设定；尚未制定法律且属于国务院行政管理职权事项的，行政法规可以设定除限制人身自由和冻结存款、汇款以及应当由法律规定的行政强制措施以外的行政强制措施；地方性法规只有在尚未制定法律、行政法规，且属于地方性事务的，才可以设定查封、扣押措施。法律、法规以外的其他规范性文件不得设定行政强制措施。

行政强制执行，是指行政机关或者行政机关申请人民法院对不履行行政决定的公民、法人或者其他组织依法强制履行义务的行为。

行政强制执行的方式包括：加处罚款或者滞纳金；划拨存款、汇款；拍卖或者依法处理查封、扣押的场所、设施或者财物；排除妨碍、恢复原状；代履行以及其他强制执行方式等。

行政强制执行由法律设定。

【知识点3】行政强制注意事项

实施行政强制措施应当遵循一定的外部程序和内部程序，基本规定如下：①实施前须向行政机关负责人报告并经批准；②由两名以上行政执法人员实施；③出示执法身份证件；④通知当事人到场；⑤当场告知当事人采取行政强制措施的理由、依据及当事人依法享有的权利、救济途径；⑥听取当事人的陈述和申辩；⑦制作现场笔录；⑧现场笔录由当事人和行政执法人员签名或者盖章，当事人拒绝的，在笔录中予以注明；⑨当事人不到场的，邀请见证人到场，由见证人和行政执法人员在现场笔录上签名或者盖章。

行政机关实施查封、扣押措施，查封、扣押的期限不得超过 30 日；情况复杂的，经行政机关负责人批准，可以延长，但是延长期限不得超过 30 日。

当事人没有违法行为；查封、扣押的场所、设施或者财物与违法行为无关；行政机关对违法行为已经作出处理决定不再需要采取行政强制措施；查封、扣押期限已经届满以及其他不再需要采取行政强制措施的，作出查封、扣押的行政机关应当立即解除行政强制措施。

行政机关作出强制执行决定前，除紧急情况即时适用强制以外，应当事先以书面形式催告当事人履行义务。

行政强制执行决定书应当直接送达当事人。当事人拒绝接收或者无法直接送达当事人的，应当按照《中华人民共和国民事诉讼法》的有关规定送达。行政机关采用公告方式送达强制执行文书时，要适用民事诉讼法满 30 日方视为送达的期限规定。

行政机关依法作出金钱给付义务的行政决定，当事人逾期不履行的，行政机关可以依法加处罚款或者滞纳金。加处罚款或者滞纳金的数额不得超出金钱给付义务的数额。

【知识点4】税务行政强制执行

《中华人民共和国行政强制法》和《中华人民共和国税收征收管理法》《中华人民共和国税收征收管理法实施细则》的规定相冲突时，原则上按照《中华人民共和国行政强制法》的规定执行；《中华人民共和国行政强制法》规定法律、法规另有规定除外的事项，按照《中华人民共和国税收征收管理法》《中华人民共和国税收征收管理法实施细则》的规定执行；《中华人民共和国行政强制法》规定法律另有规定除外的事项，按照《中华人民共和国税收征收管理法》的规定执行。

税收强制措施的手段一般是查封、扣押和冻结，税务行政强制执行的方式是扣缴和拍卖、变卖，但这并不妨碍税务机关在实施强制执行前，先行采取查封、扣押手段限制相对人的财产，然后再进行依法拍卖、变卖处理。

税务行政强制执行会产生一定数额的费用，比如扣押、查封、保管、拍卖、变卖等费用，拍卖或者变卖所得应该先扣除相关费用后，再按照税款、滞纳金、罚款和加处罚款顺序进行清偿。清偿后剩余部分应当在 3 日内退还被执行人。税务机关因查封、扣押而产生的保管费用，依据《中华人民共和国行政强制法》的规定由税务机关承担。

六 涉税犯罪类型

【知识点 1】危害税收征管罪总体特征

从犯罪主体角度分析，既有特殊主体又有一般主体，既包括自然人也包括单位。依据刑法规定，除抗税罪外，单位均可以构成其他危害税收征管犯罪。

从犯罪主观方面分析，在主观上均为故意犯罪，且是直接故意，过失不能构成危害税收征管罪各罪。

从犯罪目的看，基本上都是牟利性犯罪：有的是为了不缴、少缴、骗取税款；有的是为了利用发票获取非法利益。

从罚则上看，刑法对危害税收征管犯罪普遍规定了罚金刑或者没收财产刑。

【知识点 2】涉税犯罪主要罪名

逃税罪，是指纳税人、扣缴义务人采用欺骗、隐瞒方式进行虚假纳税申报或不申报，逃避缴纳、解缴税款的行为。逃税行为情节严重，达到刑法规定的追究刑事责任标准的，作为逃税罪追究刑事责任。

抗税罪，是指以暴力、威胁方法拒不缴纳税款的行为。抗税罪是危害税收征管罪中手段最恶劣、影响最坏的行为。它会直接危害税务人员的人身安全。抗税罪也是危害税收征管犯罪中唯一涉及侵犯人身权利的犯罪，是一种行为犯罪。

逃避追缴欠税罪，是指纳税人欠缴应纳税款，并采取转移或者隐匿财产的手段，致使税务机关无法追缴欠缴的税款，数额较大，应受刑罚处罚的行为。

骗取出口退税罪，是指采取以假报出口等欺骗手段，骗取国家出口退税款，数额较大，应受刑罚处罚的行为。

虚开增值税专用发票、用于骗取出口退税、抵扣税款发票罪，是指违反国家发票管理制度和国家税收经济秩序，为他人虚开、为自己虚开、让他人为自己虚开、介绍他人虚开增值税专用发票或者虚开用于骗取出口退税、抵扣税款的其他发票，情节严重、依法应受刑罚处罚的行为。

虚开发票罪，是指虚开增值税专用发票、用于骗取出口退税、抵扣税款发票以外的其他发票，情节严重、依法应受处罚的行为。虚开发票罪与虚开增值税专用发票、用于骗取出口退税、抵扣税款发票罪的区别，主要体现在虚开发票的类型不同，虚开增值税专用发票、用于骗取出口退税、抵扣税款发票罪限于虚开具有增值税抵扣功能和用于出口退税的发票，而虚开发票罪包括除上述三类发票外的其他各种发票。

伪造、出售伪造的增值税专用发票罪，是指非法印制、复制或者使用其他方法伪造增值税专用发票或者非法销售、倒卖伪造的增值税发票的行为。增值税专用发票依法应由国家税务总局审批的企业印制，其他单位或者个人私自印制的，或者通过其他方式制作假发票的，即构成伪造。

非法出售增值税专用发票罪，是指违反国家税收管理制度和发票管理法规，将增值税专用发票出售的行为。增值税专用发票是增值税抵扣税款的凭证，是计征增值税的依据。增值税专用发票由国家税务机关依照规定发售，只限于增值税的一般纳税人领购使用。除此之外，任何单位和个人不得出售。

非法购买增值税专用发票、购买伪造的增值税专用发票罪，是指违反国家发票管理法规，非法购买增值税专用发票或者购买伪造的增值税专用发票的行为。

持有伪造的发票罪是指明知是伪造的发票而持有，且持有数量较大的行为。

七 危害税收征管罪

【知识点 1】逃税罪立案标准

纳税人采取欺骗、隐瞒手段进行虚假纳税申报或者不申报逃避缴纳税款数额较大并且占应纳税额 10% 以上的即构成此罪，有数额和比例的双重要求。

扣缴义务人采取欺骗、隐瞒手段进行虚假报告或不报告，不缴或者少缴已扣、已收税款，数额较大的即可构成此罪，且没有比例的限制。

最高人民检察院、公安部于 2022 年 4 月 29 日联合发布了修订后的《关于公安机关管辖的刑事案件立案追诉标准的规定（二）》，其中将“数额较大”界定为“10 万元”。

【知识点 2】抗税罪立案标准

抗税罪的立案标准主要包括：

（1）造成税务工作人员轻微伤以上的。

（2）给税务工作人员及其亲友的生命、健康、财产等造成损害或威胁，抗拒缴纳税款的。

（3）聚众抗拒缴纳税款的。

（4）以其他暴力、威胁方法拒不缴纳税款的。

【知识点3】逃避追缴欠税罪立案标准

在客观上应当同时具备4个条件：①必须有违反税收法规，欠缴应纳税款的事实；②必须有采取转移或隐匿财产的手段以逃避追缴的行为；③必须致使税务机关无法追缴欠缴的税款；④无法追缴的税款数额需达法定的量刑标准，即1万元以上。

数额在1万元以上10万元以下的，处3年以下有期徒刑或者拘役，并处欠缴税款1倍以上5倍以下罚金；数额在10万元以上的，处3年以上7年以下有期徒刑，并处欠缴税款1倍以上5倍以下罚金。单位犯本罪的，实行双罚制。

【知识点4】骗取出口退税罪立案标准

骗取出口退税罪是指故意违反税收法规，采取以假报出口等欺骗手段，骗取国家出口退税款，数额较大的行为。

以假报出口或者其他欺骗手段，骗取国家出口退税款，数额较大的，处5年以下有期徒刑或者拘役，并处骗取税款1倍以上5倍以下罚金；数额巨大或者有其他严重情节的，处5年以上10年以下有期徒刑，并处骗取税款1倍以上5倍以下罚金；数额特别巨大或者有其他特别严重情节的，处10年以上有期徒刑或者无期徒刑，并处骗取税款1倍以上5倍以下罚金或者没收财产。

骗取国家出口退税款10万元以上的，为数额较大；骗取国家出口退税款50万元以上的，为数额巨大；骗取国家出口退税款250万元以上的，为数额特别巨大。

认定本罪时需要注意的是，纳税人缴纳税款后，采取假报出口或者其他欺骗手段，骗取所缴纳税款的，依照逃税罪的规定定罪处罚；骗取税款超过所缴纳的税款部分，依照骗取出口退税罪定罪处罚。

【知识点5】其他罪的立案标准及注意点

虚开增值税专用发票或者虚开用于骗取出口退税、抵扣税款的其他发票，虚开的税款数额在10万元以上或者致使国家税款被骗数额在5万元以上的，应予追诉。“虚开的税款数额”和“国家税款损失数额”成为衡量是否构成该罪的标准。只要其中1个达到法定数额，就可立案侦查。

虚开发票情节严重的，处2年以下有期徒刑、拘役或者管制，并处罚金。情节特别严重的，处2年以上7年以下有期徒刑，并处罚金。

非法出售增值税专用发票的行为。主要包括两种情况：第一，出售主体不合法，即除税务机关及其有关工作人员之外的任何单位和个人有出售行为的，如一般纳税人正常途径购买增值税专用发票后又出售的，即为非法出售。第二，购买主体不合法，即有权出售的税务机关及其工作人员，明知购买人不符合购买条件而予以出售的，亦属于非法出售。

非法购买增值税专用发票或者购买伪造的增值税专用发票后又虚开或者出售的，不能数罪并罚，而是购买行为被后行为所吸收，分别依照虚开增值税专用发票罪、伪造或者出售伪造的增值税专用发票罪和非法出售增值税专用发票罪的规定定罪处罚。

持有伪造的发票的行为，并非都要追究刑事责任，“数额较大”作为持有伪造的发票罪的构成要件之一。只有达到“数额较大”的程度，才可以作为犯罪处理。

八 涉嫌危害税收征管犯罪案件的移送

【知识点 1】移送的基本规定

违法行为构成犯罪的，行政机关必须将案件移送司法机关，依法追究刑事责任。

纳税人、扣缴义务人有违反《中华人民共和国税收征收管理法》第六十三条、第六十五条、第六十六条、第六十七条、第七十一条规定的行为涉嫌犯罪的，税务机关应当依法移交司法机关追究刑事责任。税务人员徇私舞弊，对依法应当移交司法机关追究刑事责任的不移交，情节严重的，依法追究刑事责任。

行政执法机关对应当向公安机关移送的涉嫌犯罪案件，应当立即指定 2 名或者 2 名以上行政执法人员组成专案组专门负责，核实情况后提出移送涉嫌犯罪案件的书面报告，报经本机关正职负责人或者主持工作的负责人审批。

行政执法机关正职负责人或者主持工作的负责人应当自接到报告之日起 3 日内作出批准移送或者不批准移送的决定。决定批准的，应当在 24 小时内向同级公安机关移送；决定不批准的，应当将不予批准的理由记录在案。

【知识点 2】移送的注意事项

行政执法机关对应当向公安机关移送的涉嫌犯罪案件，不得以行政处罚代替移送。

行政执法机关向公安机关移送涉嫌犯罪案件前已经作出的警告，责令停产停业，暂扣或者吊销许可证、暂扣或者吊销执照的行政处罚决定，不停止执行。

行政执法机关对公安机关决定立案的案件，应当自接到立案通知书之日起 3 日内将涉案物品以及与案件有关的其他材料移交公安机关，并办结交接手续；法律、行政法规另有规定的，依照其规定。

依照行政处罚法的规定，行政执法机关向公安机关移送涉嫌犯罪案件前，已经依法给予当事人罚款的，人民法院判处罚金时，依法折抵相应罚金。

【知识点3】移送的法律责任

行政执法机关违反规定，逾期不将案件移送公安机关的，由本级或者上级人民政府，或者实行垂直管理的上级行政执法机关，责令限期移送，并对其正职负责人或者主持工作的负责人根据情节轻重，给予记过以上的行政处分；构成犯罪的，依法追究刑事责任。

行政执法机关违反规定，对应当向公安机关移送的案件不移送，或者以行政处罚代替移送的，由本级或者上级人民政府，或者实行垂直管理的上级行政执法机关，责令改正，给予通报；拒不改正的，对其正职负责人或者主持工作的负责人给予记过以上的行政处分；构成犯罪的，依法追究刑事责任。

九 税务行政复议

【知识点1】行政复议概述

行政复议，是指公民、法人或者其他组织认为行政机关的行政行为侵犯其合法权益，向行政复议机关提出行政复议申请，行政复议机关办理行政复议案件的制度和活动。

行政机关是代表国家行使行政管理职权的法定机关，其具体行政行为一经作出，就具有法律的确定力、拘束力和执行力，在没有被有权机关依法定程序否定其效力前，不停止具体行政行为的执行。

行政复议机关办理行政复议案件，可以进行调解。

禁止不利变更，是指行政复议机关在审查具体行政行为的合法性和适当性过程中，禁止作出对行政复议申请人较原具体行政行为更为不利的行政复议决定。

除非法律另有规定，对引起争议的具体行政行为一般只经一级复议机关复议。申请人对复议决定不服，原则上不能再向其他复议机关申请复议，但可以向人民法院提起行政诉讼。如果申请人在法定期限内不向法院起诉，复议决定即产生终局的法律效力。

行政复议机构根据申请人要求或者认为必要时，可以听取申请人、被申请人和第三人的意见，并可以向有关组织和人员调查了解情况；对重大、复杂的案件，申请人提出要求或者复议机构认为必要时，可以采取听证的方式审查。

【知识点2】税务行政复议受案范围规定

税务行政复议的受案范围主要包括：

（1）征税行为。包括确认纳税主体、征税对象、征税范围、减税、免税、退税、抵扣税款、适用税率、计税依据、纳税环节、纳税期限、纳税地点和税款征收方式等具体行政行为，征收税款、加收滞纳金，扣缴义务人、受税务机关委托的单位和个人作出的代扣代缴、代收代缴、代征行为等。

（2）行政许可、行政审批行为。

（3）发票管理行为，包括发售、收缴、代开发票等。

（4）税收保全措施、强制执行措施。

（5）行政处罚行为，包括：罚款；没收财物和违法所得以及停止出口退税权行为。

（6）不依法履行职责的行为，包括：颁发税务登记证；开具、出具完税凭证、外出经营活动税收管理证明；行政赔偿；行政奖励以及其他不依法履行职责的行为。

（7）资格认定行为。

（8）不依法确认纳税担保行为。

（9）政府信息公开工作中的具体行政行为。

（10）纳税信用等级评定行为。

（11）通知出入境管理机关阻止出境行为。

（12）其他具体行政行为。

（13）纳税人对税务机关作出的征税行为不服时，必须先依照税务机关根据法律、法规确定的税额、期限，先行缴纳或者解缴税款和滞纳金，或者提供相应的担保，才能提出行政复议申请。对其他具体行政行为不服以及要求税务机关依法履行法定职责未按规定履行的，可直接申请行政复议。

【知识点3】税务行政复议的管辖

对各级税务局的具体行政行为不服的，向其上一级税务局申请行政复议。

对计划单列市税务局的具体行政行为不服的，向国家税务总局申请行政复议。

对税务所（分局）、各级税务局的稽查局的具体行政行为不服的，向其所属税务局申请行政复议。

对两个以上税务机关共同作出的具体行政行为不服的，向共同上一级税务机关申请行政复议；对税务机关与其他行政机关共同作出的具体行政行为不服的，向其共同上一级行政机关申请行政复议。

对被撤销的税务机关在撤销以前所作出的具体行政行为不服的，向继续行使其职权的税务机关的上一级税务机关申请行政复议。

对税务机关作出逾期不缴纳罚款加处罚款的决定不服的，向作出行政处罚决定的税务机关申请行政复议。但是对已处罚款和加处罚款都不服的，一并向作出行政处罚决定的税务机关的上一级税务机关申请行政复议。

【知识点4】税务行政复议的参加人

申请人，是指对税务机关作出的税务具体行政行为不服，依据法律、法规的规定，以自己的名义向行政复议机关提起复议申请的纳税人、扣缴义务人、纳税担保人等税务行政相对人。

合伙企业申请行政复议的，应当以核准登记的企业为申请人，由执行合伙事务的合伙人代表该企业参加行政复议；其他合伙组织申请行政复议的，由合伙人共同申请行政复议；不具备法人资格的其他组织申请行政复议的，由该组织的主要负责人代表该组织参加行政复议，没有主要负责人的，由共同推选的其他成员代表该组织参加行政复议。

股份制企业的股东大会、股东代表大会、董事会认为税务具体行政行为侵犯企业合法权益的，可以以企业的名义申请行政复议。

有权申请行政复议的公民死亡的，其近亲属可以申请行政复议；有权申请行政复议的公民为无行为能力人或者限制行为能力人，其法定代理人可以代理申请行政复议。

有权申请行政复议的法人或者其他组织发生合并、分立或终止的，承受其权利义务的法人或者其他组织可以申请行政复议。

行政复议期间，申请人以外的公民、法人或者其他组织与被审查的税务具体行政行为有利害关系的，也可以向行政复议机关申请作为第三人参加行政复议。

非具体行政行为的行政管理相对人，但其权利直接被该具体行政行为所剥夺、限制或者被赋予义务的公民、法人或其他组织，在行政管理相对人没有申请行政复议时，可以单独申请行政复议。

同一行政复议案件申请人超过5人的，应当推选1名至5名代表参加行政复议。申请人可以委托1名至2名代理人参加行政复议。

在税务行政复议中，公民、法人或者其他组织对税务机关的具体行政行为不服申请税务行政复议的，作出具体行政行为的税务机关是被申请人。

对扣缴义务人的扣缴税款行为不服的，以主管该扣缴义务人的税务机关为被申请人；对代征行为不服的，以作出委托的税务机关为被申请人。对税务机关与法律、法规授权的组织共同作出的具体行政行为不服的，以税务机关和该组织为共同被申请人；对税务机关与其他组织以共同名义作出具体行政行为不服的，以税务机关为被申请人。对依照法律、法规和规章规定而经上级税务机关批准作出具体行政行为不服的，以批准机关为被申请人。对经重大税务案件审理程序作出的决定不服的，以审理委员会所在税务机关为被申请人。对税务机关设立的派出机构、内设机构或者其他组织未经法律、法规授权而以自己名义作出的具体行政行为不服的，以税务机关为被申请人。

税务行政复议中的第三人，是指因与被申请复议的具体行政行为有利害关系而参加到行政复议中的公民、法人或其他组织。第三人可以以自己名义参加复议，也可以委托 1 名至 2 名代理人参加行政复议。

【知识点 5】行政复议程序

公民、法人或者其他组织认为行政行为侵犯其合法权益的，可以自知道或者应当知道该行政行为之日起 60 日内提出行政复议申请；但是法律规定的申请期限超过 60 日的除外。因不可抗力或者其他正当理由耽误法定申请期限的，申请期限自障碍消除之日起继续计算。

行政机关作出行政行为时，未告知公民、法人或者其他组织申请行政复议的权利、行政复议机关和申请期限的，申请期限自公民、法人或者其他组织知道或者应当知道申请行政复议的权利、行政复议机关和申请期限之日起计算，但是自知道或者应当知道行政行为内容之日起最长不得超过一年。

申请人对税务机关作出的征税行为不服的，必须依照税务机关根据法律、法规确定的税额、期限，先行缴纳或者解缴税款和滞纳金，或者提供相应的担保，才可以在缴清税款和滞纳金之日起或者所提供的担保得到作出具体行政行为的税务机关确认之日起 60 日内提出行政复议申请。申请人依照行政复议法的规定申请税务机关履行法定职责，税务机关未履行的，有履行期限规定的，自履行期限届满之日起计算，没有履行期限规定的，自税务机关收到申请满 60 日起计算。

税务行政复议机关收到复议申请以后，应当在 5 日内审查，决定是否受理。对不符合规定的税务行政复议申请，决定不予受理，并书面告知申请人。对不属于该税务机关受理的行政复议申请，应当告知申请人向有关行政复议机关提出。税务行政复议机关收到行政复议申请以后未按照规定期限审查并作出不予受理决定的，视为受理。

行政复议机构应当自受理行政复议申请之日起 7 日内将复议申请书副本或者行政复议申请笔录复印件发送被申请人。被申请人应当自收到复议申请书副本或行政复议申请笔录复印件之日起 10 日内提出书面答复，并提交当初作出具体行政行为的证据、依据和其他有关材料。被申请人拒不提供具体行政行为的证据、依据及有关材料的，视为没有举证，要承担具体行政行为被撤销的风险；在行政复议过程中，被申请人不得自行向申请人和其他有关组织或个人收集证据。

税务行政复议活动中止的具体情形包括：①作为申请人的公民死亡，其近亲属尚未确定是否参加行政复议的；②作为申请人的公民丧失参加行政复议的能力，尚未确定法定代理人参加行政复议的；③作为申请人的法人或者其他组织终止，尚未确定权利义务承受人的；④作为申请人的公民下落不明的；⑤申请人、被申请人因不可抗力，不能参加行政复议的；⑥行政复议机关因不可抗力原因暂时不能履行工作职责的；⑦案件涉及法律适用问题，需要有权机关作出解释或者确认的；⑧案件审查需要以其他案件的审理结果为依据，而其他案件尚未审结的；⑨依照规定进行调解、和解，申请人和被申请人同意中止；⑩其他需要中止行政复议的情形。

行政复议终止情形包括：①申请人要求撤回行政复议申请，行政复议机构准予撤回的；②作为申请人的公民死亡，没有近亲属，或者其近亲属放弃行政复议权利的；③作为申请人的法人或者其他组织终止，其权利义务的承受人放弃行政复议权利的；④申请人对行政拘留或者限制人身自由的行政强制措施不服申请行政复议后，因同一违法行为涉嫌犯罪，被采取刑事强制措施。

依照行政复议中止情形①②③中止行政复议，满 60 日行政复议中止的原因未消除的，行政复议终止。

按照自愿、合法的原则，申请人和被申请人在行政复议机关作出行政复议决定以前可以达成和解，行政复议机关也可以调解。具体事项包括：①行使自由裁量权作出的具体行政行为，如行政处罚、核定税额、确定应税所得率等；②行政赔偿；③行政奖励；④存在其他合理性问题的具体行政行为。申请人与被申请人在行政复议决定作出前自愿达成和解协议，经行政复议机构准许后终止行政复议，但申请人不得以同一事实和理由再次申请行政复议；行政复议机关可以按照自愿、合法的原则进行调解。

税务行政复议机关应当在收到复议申请之日起 60 日内，根据事实和法律，对有争议的具体行政行为的合法性和适当性进行审查，依法作出复议决定或作出相应处理。

十 税务行政应诉

【知识点 1】行政诉讼的概念和特征

在行政诉讼中，人民法院主要审查行政行为的合法性；原告请求对行政行为所依据的规章以下的规范性文件进行审查的，审查其合法性。但行政诉讼的合法性审查原则不是绝对的，行政处罚明显不当，或者其他行政行为涉及对款额的确定、认定确有错误的，人民法院可以判决变更。

行政诉讼主要审查被告作出的行政行为是否合法，被告应当就其行政行为合法有效承担举证责任。

原告不能以起诉为由停止履行原行政行为所确定的义务和责任，被告有权在行政诉讼期间开展执行工作。但在有些情况下可以裁定停止执行，主要包括：①被告认为需要停止执行的；②原告或者利害关系人申请停止执行，人民法院认为该行政行为的执行会造成难以弥补的损失，并且停止执行不损害国家利益、社会公共利益的；③人民法院认为该行政行为的执行会给国家利益、社会公共利益造成重大损害的；④法律、法规规定停止执行的。

人民法院审理行政案件，不适用调解。行政权的行使往往具有羁束性，行政机关也不能任意处分，因而行政诉讼中不适用调解。但行政赔偿、补偿以及行政机关行使法律、法规规定的自由裁量权的案件可以调解。

【知识点2】税务行政诉讼的受案范围

税务行政诉讼的受案范围，是指人民法院审理税务行政争议的范围，即公民、法人或者其他组织对税务机关的哪些行政行为不服可以向人民法院提起税务行政诉讼。与税务工作关联性较强的行政诉讼范围有：对暂扣或者吊销许可证和执照、责令停产停业、没收违法所得、没收非法财物、罚款、警告等行政处罚不服的；对限制人身自由或者对财产的查封、扣押、冻结等行政强制措施和行政强制执行不服的；申请行政许可，行政机关拒绝或者在法定期限内不予答复，或者对行政机关作出的有关行政许可的其他决定不服的；对征收、征用决定及其补偿决定不服的；申请行政机关履行保护人身权、财产权等合法权益的法定职责，行政机关拒绝履行或者不予答复的；认为行政机关违法集资、摊派费用或者违法要求履行其他义务的；认为行政机关侵犯其他人身权、财产权等合法权益的。

公民、法人或者其他组织认为行政行为所依据的国务院部门和地方人民政府及其部门制定的规章以外的规范性文件不合法，在对行政行为提起诉讼时，可以一并请求对该规范性文件进行审查。人民法院在审理行政案件中，发现上述规范性文件不合法的，不作为认定行政行为合法的依据，并向制定机关提出处理建议。

【知识点3】税务行政诉讼管辖

一般案件由基层法院管辖。

中级人民法院管辖对国务院部门或者县级以上地方人民政府所作的行政行为提起诉讼的案件；海关处理的案件；本辖区内重大、复杂的案件；其他法律规定由中级人民法院管辖的案件。

高级、最高人民法院管辖本辖区内重大、复杂的第一审行政诉讼案件。

行政案件一般由最初作出行政行为的行政机关所在地人民法院管辖。

经复议的案件，可以由最初作出行政行为所在地法院管辖，也可以由复议机关所在地人民法院管辖。

对限制人身自由的行政强制措施不服而提起诉讼的，由被告所在地或原告所在地管辖。原告所在地包括原告户籍所在地、经常居住地和被限制人身自由地。

因不动产提起诉讼的，由不动产所在地人民法院专属管辖。两个以上人民法院都有管辖权的案件，原告可以选择其中一个人民法院提起诉讼。原告向两个以上有管辖权的人民法院提起诉讼的，由最先立案的人民法院管辖。

【知识点4】税务行政诉讼参加人

税务行政行为的相对人以及其他与行政行为有利害关系的公民、法人或其他组织，有权作为原告提起行政诉讼。有权提起诉讼的公民死亡，其近亲属可以作为原告提起税务行政诉讼。有权提起诉讼的法人或者其他组织终止，承受其权利的法人或者其他组织可以作为原告提起税务行政诉讼。

一般情况下，作出争议行政行为的税务机关是被告。特殊情况下，按以下方法规定被告：①经复议的案件，复议机关决定维持原行政行为的，作出原行政行为的行政机关和复议机关是共同被告；复议机关改变原行政行为的，复议机关是被告。②复议机关在法定期限内未作出复议决定，公民、法人或者其他组织起诉原行政行为的，作出原行政行为的行政机关是被告；起诉复议机关不作为的，复议机关是被告。③2 个以上行政机关作出同一行政行为的，共同作出行政行为的行政机关是共同被告。④行政机关委托的组织所作的行政行为，委托的行政机关是被告。⑤行政机关被撤销或者职权变更的，继续行使其职权的行政机关是被告。

公民、法人或者其他组织同被诉行政行为有利害关系但没有提起诉讼，或者同案件处理结果有利害关系的，可以作为第三人申请参加诉讼，或者由人民法院通知参加诉讼。人民法院判决第三人承担义务或者减损第三人权益的，第三人有权依法提起上诉。

【知识点5】税务机关的出庭应诉人员

税务机关的出庭应诉人员包括负责人和委托代理人。

主要负责人不能出庭的，由分管被诉行政行为承办机构的负责人出庭应诉。分管被诉行政行为承办机构的负责人也不能出庭的，主要负责人指定其他负责人出庭应诉。负责人不能出庭应诉的，应当委托本机关相应的工作人员出庭。

涉及重大事项的案件及人民法院书面建议负责人出庭应诉的案件，税务机关负责人应当出庭应诉。

对于因纳税发生的案件，地市级税务局负责人应当出庭应诉。县级税务局和县级以下税务机构负责人对所有案件均应当出庭应诉。

人民法院书面建议负责人出庭应诉，但负责人不能出庭应诉的，税务机关应事先向人民法院反映情况，并按照人民法院的要求出具书面说明。

【知识点6】税务行政诉讼程序

当事人起诉必须符合下列条件：①原告必须是行政行为的相对人以及其他与行政行为有利害关系的公民、法人或者其他组织；②有明确的被告；③有具体的诉讼请求和事实根据；④属于人民法院受案范围和受诉人民法院管辖。

行政诉讼的起诉期限一般为6个月内，自知道或者应当知道作出行政行为之日起计算。经复议而不服复议决定，起诉期限为收到复议决定书之日起15日。复议机关逾期不作决定的，起诉原行政行为的，起诉期限为复议期满之日起15日；起诉复议机关不作为的，可以在复议期满之日起15日内向人民法院提起诉讼。行政机关未告知起诉权利或期限的，按最长诉讼时效执行。最长诉讼时效为：因不动产提起诉讼的案件自行政行为作出之日起20年，其他案件自行政行为作出之日起5年。因不可抗力或者其他不属于其自身的原因耽误起诉期限的，被耽误的时间不计算在起诉期限内。

行政诉讼的判决的方式包括：判决驳回原告诉讼请求；判决撤销或者部分撤销行政行为、重新作出行政行为；判决限期履行法定职责和履行给付义务；判决变更原行政行为；判决确认原行政行为无效；判决责令被告采取补救措施并承担赔偿责任；判决确认原行政行为违法但不撤销原行政行为。

符合下列条件的第一审行政案件，事实清楚、权利义务关系明确、争议不大的，可以适用简易程序：①被诉行政行为是依法当场作出的；②案件涉及款额2000元以下的；③属于政府信息公开案件的。其他案件，当事人各方同意适用简易程序的，也可以适用简易程序。人民法院在审理过程中，发现案件不宜适用简易程序的，裁定转为普通程序。发回重审、按照审判监督程序再审的案件不适用简易程序。适用简易程序审理的行政案件，由审判员一人独任审理，并应当在立案之日起45日内审结。

当事人不服人民法院第一审判决的，有权在判决书送达之日起15日内向上一级人民法院提出上诉。当事人不服人民法院第一审裁定的，有权在裁定书送达之日起10日内向上一级人民法院提起上诉。逾期不提起上诉的，人民法院的第一审判决或者裁定发生法律效力。人民法院审理上诉案件应当在收到上诉状之日起3个月内作出终审裁判。

【知识点7】税务行政诉讼的履行与执行

税务机关要依法自觉履行人民法院生效判决、裁定和调解，不得拒绝履行或者拖延履行。被诉行政行为承办机构负责具体执行。

对人民法院作出的责令重新作出行政行为的判决，税务机关应当在法定期限或者人民法院指定的期限内重新作出，除原行政行为因程序违法或者法律适用问题被人民法院判决撤销的情形外，不得以同一事实和理由作出与原行政行为基本相同的行政行为。

原告拒不执行生效判决、裁定或者调解的，税务机关应当依法强制执行，或者向人民法院申请强制执行。

对人民法院提出的司法建议或者人民检察院提出的检察建议，税务机关要认真研究并按照要求作出书面回复，确有问题的要加以整改。

十一 税务行政赔偿

【知识点 1】税务行政赔偿概述

税务行政赔偿，是指税务机关和税务机关工作人员违法行使税收征管职权，对公民、法人和其他组织的合法权益造成损害的，由国家承担赔偿责任，并由税务机关具体履行义务的一项法律制度。

税务行政机关及其税务人员在行使行政职权时有下列侵犯财产权情形之一的，受害人有取得赔偿的权利：①违法实施罚款等行政处罚的；②违法对财产采取查封、扣押、冻结等税收保全措施或强制执行措施的；③造成财产损害的其他违法行为。

【知识点 2】税务行政赔偿的构成要件

侵权主体是行使国家税收征管职权的税务机关及其工作人员。

必须是税务机关及其工作人员行使税收征管职权的行为。

必须是行使税收征管职权的行为具有违法性。

必须有公民、法人和其他组织的合法权益受到损害的事实。

必须是违法行为与损害后果有因果关系。

【知识点 3】赔偿范围

违反国家税法规定作出征税行为损害纳税人合法财产权的征税行为。

违反国家法律作出税务行政处罚行为损害纳税人合法财产权的。

违法作出责令纳税人提供纳税保证金或纳税担保行为给纳税人的合法财产造成损害的。

违法作出税收保全措施给纳税人的合法财产权造成损害的。

违法作出通知出入境管理机关阻止纳税人出境给纳税人的合法权益造成损害的。

违法作出税收强制执行措施造成纳税人合法财产权损害的。

违法拒绝颁发税务登记证、审批认定为一般纳税人、发售发票或不予答复造成纳税人合法财产权损害的。

【知识点 4】受理时限

赔偿请求人请求税务行政赔偿的时效为 2 年，自税务行政人员行使职权时的行为被依法确认为违法之日起计算。

赔偿请求人在赔偿请求时效的最后 6 个月内，因不可抗力或者其他障碍不能行使请求权的，时效中止。从中止时效的原因消除之日起，赔偿请求时效期间继续计算。

【知识点5】赔偿方式和标准

赔偿方式，是指国家承担赔偿责任的各种形式。依据《中华人民共和国国家赔偿法》规定，国家赔偿以支付赔偿金为主要方式，赔偿义务机关能够通过返还财产或者恢复原状实施国家赔偿的，应当返还财产或者恢复原状。

侵犯公民人身自由的，每日赔偿金按照国家上年度职工日平均工资计算。

造成公民身体伤害的，应当支付医疗费、护理费，以及赔偿因误工减少的收入。减少的收入每日赔偿金按照国家上年度职工日平均工资计算，最高限额为国家上年度职工平均工资的5倍。

造成部分或者全部丧失劳动能力的，应当支付医疗费、护理费等，以及残疾赔偿金，最高额为国家上年度职工平均工资的10倍，全部丧失劳动能力的为国家上年度职工平均工资的20倍，造成全部丧失劳动能力的，对其抚养的无劳动能力的人，还应当支付生活费。

造成死亡的，应当支付死亡赔偿金、丧葬费，总额为国家上年度职工平均工资的20倍。对死者生前抚养的无劳动能力的人，还应当支付生活费。

上述规定的生活费发放标准参照当地民政部门有关生活救济的规定办理。被抚养的人是未成年人的，生活费给付至18周岁为止；其他无劳动能力的人，生活费给付至死亡时为止。

违反征收税款，加收滞纳金的，应当返还税款及滞纳金。违法对应予出口退税而未退税的，由赔偿义务机关办理退税。处罚款、没收非法所得或者违反国家规定征收财物、摊派费用的，返还财产。查封、扣押、冻结财产的，解除对财产的查封、扣押、冻结，造成财产损坏或者灭失的，应当恢复原状或者给付相应赔偿金。应当返还的财产损坏的，能恢复原状的恢复原状，不能恢复原状的，按照损害程序给付赔偿金。应当返还财产丢失的，给付相应的赔偿金。财产已经拍卖的，给付拍卖所得的款项。对财产权造成损害的，按照直接损失给予赔偿。

按照《中华人民共和国国家赔偿法》和国家赔偿费用管理办法的规定，税务行政赔偿费用列入各级财政预算，由各级财政按照财政管理体制分级负担。

十二 税务职务犯罪及其刑事法律责任

【知识点1】税务职务犯罪的概念

广义上的税务职务犯罪，是指税务人员在执法过程中，利用自己所掌握的税收执法权或行政管理权，以牺牲国家或集体权益为手段，为个人或他人谋取私利，应受刑法处罚的行为，包括其他国家机关工作人员和其他社会团体、企（事）业单位中依照法律法规或组织章程等从事公务的人员都可能出现的犯罪行为，如贪污受贿、挪用公款等。狭义的税务职务犯罪，即严格意义上的税务职务犯罪指只有税务工作人员才有可能发生的犯罪行为。

狭义的税务职务犯罪，专指《中华人民共和国刑法》规定的只能由税务人员构成的职务犯罪，包括两个罪名：徇私舞弊不征、少征税款罪和徇私舞弊发售发票、抵扣税款、出口退税罪。

【知识点2】税务职务犯罪的表现形式

（1）占有型职务犯罪。这类犯罪人员利用职务上的便利，将国家税款或公款据为己有，使国家利益遭受重大损失，构成挪用公款罪、贪污罪、私分国有资产罪。具体表现有：收税不开票，开大头小尾票、贪污税款、异地转移税款、从中谋取非法利益予以私分，中饱私囊，将公款、公物占为己有。

（2）渎职型职务犯罪。这类犯罪人员在工作中严重不尽职、不负责，导致国家税款严重流失。具体表现为：收人情税、关系税，超越权限减免税收，不符合一般纳税人认定标准的擅自认定，不该停业、废业的办理停业废业；玩忽职守，致使国家税收少征漏征，误退多退；违反执法程序，超越职权，滥用税收保全、税收强制执行措施，不该查封、扣押的违法查扣，严重侵犯纳税人的权利，造成严重政治影响。

（3）交易型职务犯罪。这类犯罪人员利用工作职务作为交换资本，以权谋私，以税谋私，具体表现为利用税务检查、违法违章处罚、人事管理等权利索贿受贿、收受礼品礼金或有价证券，严重影响公务活动；利用职务之便向纳税人或下级机关私人开支的费用；以各种名义和借口向所管辖的纳税人借钱借物，借交通工具和通讯工具；收受或索要纳税人礼品、礼金和证券。

（4）徇私舞弊型职务犯罪。这类犯罪人员往往出于个人的不法或不正当目的，以这种徇私舞弊的行为，损害国家和人民利益，具体表现为：工作责任心差，随心所欲，徇私枉法，不能尽职尽责，该收不收，该查不查，少征或不征税款。

【知识点3】税务职务犯罪的预防

加大教育力度，营造预防税务职务犯罪的浓厚氛围。要始终不渝、坚持不懈地开展思想政治工作，在每个税务干部的思想上筑起廉洁从税、恪尽职守的防火墙，牢固树立法治意识，不触红线。

进一步健全完善各种工作制度，完善监督制约机制。必须要用制度来规范税收执法权力和行政管理权力，在税收征收、管理、稽查各个工作环节，明晰工作标准，健全和完善工作制度，从市场主体登记，一般纳税人认定，发票出售，税款缴纳，户籍巡查，税收检查、审理、执行，以及税款入库等各个方面实行规范管理；在行政事务管理方面从车辆管理、基建招标及物品采购等方面进一步完善并严格执行各项规章制度。

查处案件，惩治腐败。查处也是一种预防，是对税务职务犯罪的特殊预防。对税务违法犯罪的查处，既惩治了腐败，维护了党纪国法的严肃性，又能起到警示作用，达到威慑效果。

【知识点4】加强以案促改、以案促治工作

（1）强化以案为鉴，坚持把坚定理想信念作为立身之本。进一步落实“第一议题”制度，认真学习贯彻习近平新时代中国特色社会主义思想，结合学习贯彻党的二十大精神，不断加强税务干部的理想信念教育和廉洁从税教育。

（2）强化以案明责，坚持把推动责任落实作为关键所在。严抓落实“两个责任”，把主体责任和监督责任一贯到底，层层传导到“神经末梢”，充分发挥部门职能监督作用，强化基层党组织日常监督。

（3）强化以案促治，坚持把完善制度机制作为重要保障。全面深化税务系统纪检监察体制改革试点，切实加大“一案双查”工作力度，狠抓制度执行和有效落地，加大对各项制度贯彻落实情况的监督检查和重点督察。

（4）强化以案促改，坚持把廉政风险防控作为坚实支撑。全面梳理税收执法权、行政管理权运行中可能存在的薄弱环节和廉政风险，将信息化技术融入“两权”监督的各环节各领域，推进风险防控的内生化、信息化、自动化。

（5）强化以案示警，坚持把震慑警示教育作为有力抓手。严查快处税务人员内外勾结、通同作弊等违纪违法行为，进一步严格落实中央八项规定及其实施细则精神，积极构建立体式、常态化、全覆盖的税务系统警示教育工作机制。

第四章 智慧税务

>> 知识架构

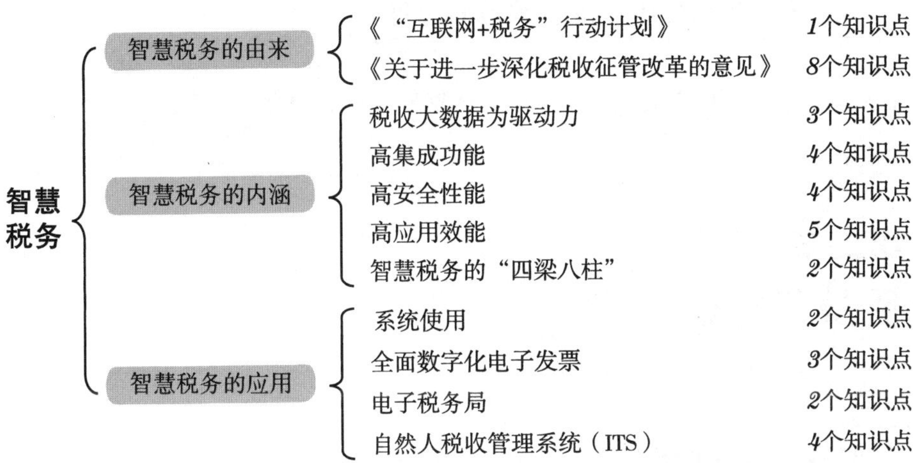

>> 第一节 智慧税务的由来

一 《“互联网＋税务”行动计划》

【知识点】“互联网＋税务”行动计划

国家税务总局根据《国务院关于积极推进“互联网＋”行动的指导意见》（国发〔2015〕40号），顺应互联网发展趋势，满足纳税人和税收管理不断增长的互联网应用需求，推动税收现代化建设，结合税收工作实际，制定《“互联网＋税务”行动计划》，并于2015年9月28日发布。提出“互联网＋税务”是把互联网的创新成果与税收工作深度融合，拓展信息化应用领域，推动效率提升和管理变革，是实现税收现代化的必由之路。在这个行动计划中首次提出智慧税务的概念。

行动计划以纳税人需求为导向，加快线上线下融合，逐步实现网上办税业务全覆盖；以提升税收治理能力为目标，深化互联互通与信息资源整合利用，构建智慧税务新局面。推动互联网创新成果与税收工作深度融合，着力打造全天候、全方位、全覆盖、全流程、全联通的智慧税务生态系统。

目标是至2020年，“互联网+税务”应用全面深化，各类创新有序发展，管理体制基本完备，分析决策数据丰富，治税能力不断提升，智慧税务初步形成，基本支撑税收现代化。

二 《关于进一步深化税收征管改革的意见》

参见本书第三章第三节“深化税收征管改革”相关内容。

>>第二节 智慧税务的内涵

一 税收大数据为驱动力

【知识点1】大数据的概念

大数据是指数据量巨大、类型多样、处理速度快、价值密度低的数据集合。它通常具有以下四个显著特征：

1. 体量大

数据量巨大，通常达到TB（太字节）甚至PB（拍字节）级别，1TB=1024GB，1PB=1024TB。

2. 速度快

数据的生成和处理速度非常快，需要实时或近实时的处理能力。

3. 类型多

数据类型多样，包括结构化数据（如数据库中的表格数据）、半结构化数据（如XML、JSON等）和非结构化数据（如文本、图片、视频等）。

4. 价值密度低

数据中有价值的信息相对稀少，需要通过复杂的分析和处理才能提取出来。

【知识点2】大数据时代的分析观念

大数据时代的分析观念不同于历史上传统的分析观念，主要表现在以下三个方面：

（1）要分析事物相关的所有数据，而不是依靠分析少量样本。

（2）要关注事务发展的大体方向，而不是过于追求精确制导。

（3）要识别事物之间的相关关系，而不是探求传统因果关系。

【知识点3】税收大数据的构成

税收大数据主要有三个来源：

1. 内部数据

包含所有税务部门日常运行过程中，采集或者生产出来的数据。这是税收大数据的主要来源。

2. 外部交换数据

包含所有和外部门协同共治过程中，通过交换获取的具有税收应用价值的数据。

3. 互联网数据

包含各级税务机关运用工具采集或者商业购买获取的互联网上的税收相关数据。这是税收大数据增长最快的来源。

二 高集成功能

【知识点1】功能集成

智慧税务的建设体系目标是形成以纳税人端、税务人端和决策人端为主体的智能应用平台体系，集成税务部门内外功能需求，基于全局视角建设云网融合、绿色低碳、安全可控的智能化综合性数字信息基础设施，建成覆盖税收征管全部环节、全部流程、全部主体的一体化应用平台，全方位汇聚各类内外部标准化数据，从而实现税收工作的提质增效。

【知识点2】纳税人端

在纳税人端，也就是以电子税务局为主体的面向纳税人使用的平台系统，包括App、微信公众号等各类渠道。通过打造“一户式”和“一人式”税务数字账户，实现每一户法人和每一个自然人税费信息的智能归集和智敏监控。比如，企业发生交易开具了发票，相应的发票信息同时进入交易双方的内部系统及税收大数据系统，税务机关以此为基础将各种信息以纳税人缴费人为单位进行“一户式”实时归集和分析，既可感知风险并自动预警，还可深度把握纳税人缴费人的服务需求，及时提供个性化服务。

【知识点3】税务人端

在税务人端，也就是以慧办平台为主体的面向税务干部使用的内部系统，包括移动办公、远程协同等各类方式和渠道，通过打造“一局式”和“一员式”应用平台，实现总局、省局、市局、县局、分局五级税务机关和税务工作人员信息，可分别按每一个单位和每一名员工进行智能归集和智效管理，智能推送工作任务，从而大幅提升内部管理效能。

【知识点4】决策人端

在决策人端，通过打造“一览式”应用平台，实现对征纳双方、内外部门数据，可按权限在不同层级税务机关管理者的应用系统中进行智能归集和展现，为管理指挥提供一览可知的信息，促进提升智慧决策的能力和水平。

三 高安全性能

【知识点1】网络安全

（1）访问控制。税务系统多使用虚拟局域网（Virtual Local Area Network，VLAN）技术，防止跨部门之间的非法网络访问，在局域网与骨干网络边界处部署了防火墙、入侵检测、病毒网关等，一定程度实现了访问控制。

（2）内外网隔离。物理隔离，是指内部网络与外部网络在物理上没有相互连接的通道，两个系统在物理上完全独立。物理隔离技术主要有用户级物理隔离和网络级物理隔离。

（3）病毒防范。税务系统网络安装了360天擎终端管理系统，病毒代码库的更新采用统一升级、统一管理，统一分发到计算机终端。

【知识点2】应用安全

（1）身份认证。税务信息系统的身份认证大都基于操作系统或数据块管理系统的账号和口令，应用系统也采用基于账号和口令的身份认证技术。

（2）访问控制。税务信息系统一般通过对账号进行授权，并通过账号进行访问控制。授权遵循“最小化”原则，并且禁止共用账户、使用别人账户，对调离、离岗、退休等人员及时收回账户权限。

（3）数据安全保护。采用访问控制限制不同用户对信息的访问、使用和处理，实现对信息的安全保护。

（4）安全审计。部署日志审计系统，收集操作系统、网络设备和安全设备等系统日志，并对日志进行关联分析。

【知识点3】物理安全

（1）建设符合安全标准的数据中心。建设不间断运行、常年控制温度的空调系统和通风系统，配备机房报警系统，建设机房消防系统，为机房配备符合规格的灭火器材等。

（2）建设完善的监控系统。实时对机房重点部位或全方位进行24小时视频监控，运用大量的报警设备，采用门禁系统，等等。

（3）启用不间断电源、发电机。使用不间断电源（UPS）供电、发电机组供电来保证机房供电稳定。

（4）进行冗余备份。对重要数据库服务器、应用服务器和网络设备等重要设施进行了冗余备份，提高设备和系统的可靠性和可用性。

（5）机构组织建设。各级税务机关建立“信息安全领导小组”等相应的机构负责安全问题，制定安全规则制度。

【知识点4】数据安全管理

妥善保管工作中使用的敏感数据，不得泄露纳税人相关税收数据，禁止在外网上使用电子邮箱、即时通信工具等不安全的方式传输敏感数据。

四 高应用效能

【知识点1】应用效能一体化

智慧税务建成后，将实现从“算量、算法、算力”到“技术功能、制度效能、组织机能”，从“税务、财务、业务”到“治税、治队、治理”的深度融合，达到应用效能一体化。

【知识点2】算量、算法、算力

从数字化征管信息系统建设角度考量，智慧税务以规模大、类型多、颗粒度细的税收大数据为算量，学习借鉴国际先进经验，力争创造先进的算法标准，持续加强算力建设，从而构建一个集超级算量、智能算法、强大算力为一体的“智慧人”，通过方方面面数据的捕获和充分流动，及时感知执法、服务、监管各个领域的业务需求并灵敏地自动作出反应。

【知识点3】技术功能、制度效能、组织机能

从数字化征管内部运行方式角度来考量，智慧税务通过发挥现代信息技术和税收大数据的驱动作用，不仅可以实现制度规范、业务流程等方面的融合升级和优化重构，而且能够推动税务组织体系的横向集约化、纵向扁平化，使税务部门的组织职能划分更加明确清晰、岗责设置更加科学精准、人员配置更加合理高效，从而更好地适应现

代化税收征管和服务工作的需要。

【知识点4】税务、财务、业务

从数字化征管服务纳税人缴费人的角度来考量，智慧税务将征纳双方的“接触点”由过去的“有税”后才关联、现在的“涉税”即关联，发展到下步“未税”时就关联，使税收规则、算法、数据直接融入纳税人经营业务中，伴随着每一次交易活动自动计算纳税金额，从而大幅降低税收遵从成本，提高税收征管效率。同时，还将促进企业财务部门和业务经营部门据此强化统筹管理、优化发展规划，使企业的财务和税务从事后反映经营结果的“后视镜”，变成事先服务经营决策的“望远镜”。

【知识点5】治税、治队、治理

从数字化征管服务国家治理现代化角度来考量，智慧税务在深入推进精确执法、精细服务、精准监管、精诚共治的基础上，将内控监督规则、考核考评标准渗入业务流程、融入岗责体系、嵌入信息系统，实现过程可控、结果可评、违纪可查、责任可追的自动化联动监控，大幅增强带队治税的税收治理效能。同时，还将通过数字化电子发票改革，撬动经济社会数字化转型，通过深化税收大数据分析，为宏观经济和社会管理提供更多更及时的决策参考，更好服务国家治理现代化。

五 智慧税务的“四梁八柱”

【知识点1】“四梁八柱”定位

智慧税务“四梁八柱”的建设，是税务现代化建设的重要组成部分，是从以票治税到以数治税的转变迈向成熟阶段的标志，为中国税收征管改革提供了坚实的基础，推动了税收治理体系和治理能力现代化。智慧税务建设将“四梁”作为硬件主纲，“八柱”作为软件支持。软硬相结合之下，推进税务征管的新技术变革。

【知识点2】“四梁八柱”内涵

智慧税务建设的“四梁”具体包括法人税费信息“一户式”、自然人税费信息“一人式”、税务机关信息“一局式”、税务人员信息“一员式”。“八柱”则包含税务执法新系统、税费服务新体系、税务监管新体系、风险管控系统、电子发票服务平台、法人电子税务局、大数据云化平台、信息共享平台。

>> 第三节 智慧税务的应用

一 系统使用

【知识点 1】系统概述

金税四期是中国税务系统的一项重大升级，旨在通过数字化和智能化手段提升税收征管的效率和精准度。核心是“以数控税”，通过建立纳税人“一人式档案”，进行实时归集和分析，感知风险并自动预警，实现从“人找数”填报到“数找人”确认的转变。税务部门可以更细致、更全面地了解企业和纳税人的相关信息，推动企业和纳税人从被动遵守税法到主动、自动遵守税法。

【知识点 2】统一身份管理平台的使用

税务网络可信身份体系以法定身份为基础、以权威认定为源点、以密码技术为支撑、以制度规范为保障、以可信服务为目标，通过构建统一身份管理平台和相关制度规范保障，推进税务网络空间依法、规范、高效运行。税务网络可信身份体系覆盖纳税人缴费人、税务人、自助办税设备、应用系统等。统一身份管理平台是税务网络可信身份体系的载体，为各税务应用系统用户提供统一身份管理、身份认证、岗责权限管理、行为审计服务。统一身份管理平台上线后接管了电子税务局的用户注册、用户登录以及用户管理功能，相应的操作界面也会切换到统一身份管理平台的使用界面。

税务人员需要采集证件类型、证件号码、姓名和手机号码，而且要经过实名核验，需要绑定税务人员代码（主要是金税三期税务人员代码），人员信息才完整，才能登录统一身份管理平台。登录方式如下：已绑定金税三期账号的正式人员/临时人员，以身份证号或税务人员代码作为账号、金税三期密码作为密码进行初始登录；无金税三期账号的正式人员，由运维人员为其生成税务人员代码，采集手机号码后，使用手机短信方式进行初始登录并修改密码。对于通过统一身份管理平台新增的税务人员，均使用手机短信验证码方式进行初始登录并修改初始密码。

二 全面数字化电子发票

【知识点 1】全面数字化电子发票的概念

中共中央办公厅、国务院办公厅发布的《关于进一步深化税收征管改革的意见》指出："稳步实施发票电子化改革。2021 年建成全国统一的电子发票服务平台，24 小时在线免费为纳税人提供电子发票申领、开具、交付、查验等服务。制定出台电子发票国家标准，有序推进铁路、民航等领域发票电子化，2025 年基本实现发票全领域、全环节、全要素电子化，着力降低制度性交易成本。"

全面数字化的电子发票（以下简称数电票），是以可信身份认证体系和新型电子发票服务平台为依托，以标签化、要素化、去版式、授信制、赋码制为特征，以全领域、全环节、全要素电子化为运行模式的新型电子发票。数电票是与纸质发票具有同等法律效力的全新发票，不以纸质形式存在、不用介质支撑、无须申请领用、发票验旧及申请增版增量。纸质发票的票面信息全面数字化，将多个票种集成归并为电子发票单一票种，数电票实行全国统一赋码、自动流转交付。

【知识点 2】数电票的特点

数电票的六大特点：去介质、去版式、标签化、要素化、赋码制、授信制。

去介质：纳税人不再需要预先领取税控专用设备，可以直接通过电子税务局内嵌的电子发票服务平台，基于实名身份开票。

去版式：数电票以电子形式交付，破除 PDF、OFD 等特定版式要求。

标签化：通过标签实现对电子发票功能、状态、用途的具体分类。

要素化：发票一共有 203 个要素，包括最基本的纳税人名称、商品名称及代码、单价、金额、税额等。

赋码制：电票平台开具的发票会自动赋予一张唯一的编码，数电票采取 20 位编码规则，和以前 12 位发票代码和 8 位发票号码加以区别。

授信制：依托动态"信用 + 风险"的体系，结合纳税人生产经营、开票和申报行为，自动为纳税人赋予发票开具金额总额度并动态调整，实现"以系统授信为主、人工调整为辅"的授信制管理。

【知识点 3】电子发票服务平台

纳税人可直接使用全国统一的电子发票服务平台免费开具数电票，无须使用其他特定开票软件。纳税人通过实名验证后，无须使用税控专用设备即可通过电子发票服务平台开具数电票、纸质专票和纸质普票，无须进行发票验旧操作。其中，数电票无须进行发票票种核定和发票领用。

纳税人登录电子发票服务平台后，通过开票业务模块，选择不同的发票类型，录入开具内容，电子发票服务平台校验通过后，自动赋予发票号码并按不同业务类型生成相应的数电票。电子发票服务平台对发票的开具提供页面输入和扫描二维码两种模式。纳税人选择页面输入模式进行开票，即进入页面输入内容完成发票开具；纳税人选择扫描二维码模式进行开票，可通过扫描二维码的方式完成发票相关信息预采集。

三 电子税务局

【知识点1】电子税务局的优点

电子税务局的优点主要包括：

（1）提高办税效率，降低征纳双方的成本。电子税务局突破了实体税务局时间、空间的限制，纳税人可以足不出户，享受7×24小时不间断的纳税服务。用影像资料、电子数据替代了过去的纸质资料，降低了征纳双方的成本。

（2）推动了税务公开，更好促进依法治税。纳税人可以通过电子税务局发起办税流程，随时了解事项办理情况。办税流程和办税事项通过电子税务局实现了透明化和公开化。

（3）有利于税务部门决策的科学化、民主化。相较于实体税务局，电子税务局使用互联网技术和数据库技术，使税务部门获取信息资源的能力比实体税务局得到了很大的提高，可以获取更多的数据信息用于决策，并且为税务部门加强与公众的交流提供了极为顺畅、便捷的通道。

（4）有利于纳税知识的宣传普及。传统的实体税务局通常采用发放纸质的税务资料、举办各类税务知识培训班和面对面进行宣传咨询等方式，传播的受众较小，使用的成本也比较高。电子税务局通过链接门户网站的信息公开、新闻动态、政策文件、纳税服务、互动交流等模块，方便纳税人获取相关资讯和进行网上咨询。

【知识点2】电子税务局的使用

（1）登录路径。可以通过域名地址登录各省的电子税务局，将电子税务局的地址收藏以便以后使用。各省税务局的门户网站一般也会有该省电子税务局的链接。登录后，首先进行环境检测，在下载区下载安装所需的控件和组件。

（2）注册及登录。企业用户新办开户时，需先完成法定代表人、财务负责人、办税人员的个人信息注册。自然人纳税人第一次使用电子税务局时，需通过用户注册设置用户账号等信息。统一身份管理平台接管电子税务局的用户注册、用户登录以及用户管理功能，相应的操作界面也会切换到统一身份管理平台的使用界面。目前，各省电子税务局大都支持个人所得税 App 扫码登录，统一社会信用代码、密码登录，个人身份证号码或手机号码、密码登录。

（3）业务办理。各省的电子税务局页面设置不尽相同，但主要业务功能类似。电子税务局支持纳税人日常办理综合信息报告、发票使用、税费申报与缴纳、税收减免、证明开具、税务行政许可、核定管理、一般退（抵）税管理、出口退税管理、增值税抵扣凭证管理、纳税信用、涉税专业服务机构管理、服务事项、风险管理等业务事项。

（4）查询。纳税人可以查询相关的涉税信息，涵盖了办税进度及结果信息查询、发票信息查询、申报信息查询、缴款信息查询、欠税信息查询、优惠信息查询、个体工商户核定定额信息查询、证明信息查询、涉税中介机构信息查询、纳税信用状态信息查询、违法违章信息查询、历史办税操作查询、应申报清册查询、邮寄信息统计查询、物流信息查询、财务会计制度备案查询、失信行为查询等功能。

（5）便捷功能。电子税务局为纳税人提供待办工作、服务提醒等模块，待办工作涵盖纳税人征期内未申报等待办事项，服务提醒包括纳税人申请发起涉税事项处理进度等。

（6）互动与服务。纳税人可以通过电子税务局与税务机关进行在线交互，实现了互联互通。还可以通过电子税务局查看通知公告等信息，享受咨询辅导等服务，实现公众查询等功能。

四 自然人税收管理系统（ITS）

【知识点 1】自然人税收管理系统（ITS）概述

自然人税收管理系统（ITS）是针对自然人纳税人设计和开发的一种用来管理和监控纳税人税收信息的软件系统。该系统通过计算自然人的应纳税额、申报纳税资料、处理税收信息等功能，实现了对个人所得税、房产税、车辆购置税等多个税种的管理和监控。

【知识点 2】自然人税收管理系统（ITS）功能组件

（1）税务大厅端。税务大厅端是面向税务人员的业务办理渠道，与金税三期系统统一门户，支持依申报的办税业务、依职权的日常管理业务办理。

（2）扣缴客户端。扣缴客户端是面向扣缴单位办税人员的远程业务办理渠道，主要支持办税人员实名注册、个人所得税预扣预缴申报和缴税业务办理。

（3）手机端。手机端是直接面向自然人纳税人的远程业务办理渠道，采用手机 App 形式，主要支持个人实名注册、个人所得税预扣预缴申报和缴税业务办理。

（4）网页端。网页端是直接面向自然人纳税人的远程业务办理渠道，与各省电子税务局集成，主要支持个人实名注册、个人所得税预扣预缴申报和缴税业务办理。

【知识点3】自然人税收管理系统（ITS）常规功能的使用

（1）实名管理。自然人需要实名注册和登录，实名注册可以采用税务大厅注册码注册和人脸识别认证注册两种方式。

（2）完善个人信息。包括：个人信息、任职受雇信息、家庭成员信息、银行卡、安全中心。

（3）专项附加扣除。包括：大病医疗专项附加扣除、子女教育专项附加扣除、房贷利息专项附加扣除、房屋租金专项附加扣除、继续教育专项附加扣除、赡养老人专项附加扣除、3岁以下婴幼儿照护专项附加扣除。

（4）纳税申报。自然人的纳税申报分为两个部分：分类所得个人所得税自行申报和申报更正、作废。

【知识点4】自然人税收管理系统（ITS）扣缴功能的使用

（1）人员信息采集。输入扣缴纳税人的个人信息，发送到自然人税收管理系统服务器端进行审核。审核通过的方可办理扣缴业务。

（2）专项附加扣除。可以下载模板，把所有员工的专项附加扣除信息表导入系统内。若员工自己通过App端或Web端采集过专项附加扣除信息的，可以通过点击“更新”按钮下载，无须再次报送。

（3）预扣预缴申报。选择使用自动导入正常工资薪金数据向导弹窗，选择已采集过信息的员工，系统会自动带出已采集的专项附加扣除信息。

（4）申报辅助功能。申报成功后，不管是否完成缴税，都可以进行“申报更正”。启动申报更正后，可以直接在原申报基础上进行修改。若该申报已经扣款，更正申报后多退少补，多缴的税款至办税服务厅办理退税。

（5）税款缴纳。本次申报成功后，点击“立即缴款”可以跳转至网上缴款菜单，获取相关的三方协议等信息，选中报表点击“立即缴款”可发起缴款业务。没有立即缴款的，在下次系统登录时，会弹出缴款的提醒。

第五章 政务管理

>>知识架构

政务管理

公文处理	公文处理基础知识	7个知识点
	公文写作	4个知识点
绩效管理	绩效考核	4个知识点
保密工作	国家秘密管理	3个知识点
	定密管理	1个知识点
	涉密人员管理	2个知识点
	涉密载体管理	2个知识点
应急管理	突发事件应对和处置	5个知识点
涉税舆情管理	涉税舆情分析研断	3个知识点
	涉税舆情引导与管理	1个知识点
会议管理	会议分类	3个知识点
	会议管理要点	5个知识点
	会议座次安排	3个知识点
政务信息	税收信息工作概述	2个知识点
	税收信息管理流程	4个知识点
	税收信息写作技能	3个知识点
政务公开	政府信息公开相关规定	6个知识点
	行政执法公示制度	6个知识点
解决形式主义突出问题为基层减负	党中央有关决策部署	1个知识点
	国家税务总局党委有关具体措施	1个知识点
重大事项请示报告工作	税务系统重大事项请示报告工作制度规定	5个知识点

>> 第一节 公文处理

一 公文处理基础知识

【知识点1】税务机关常用公文种类

税务机关的公文种类主要有：命令（令）、决议、决定、公告、通告、意见、通知、通报、报告、请示、批复、函、纪要。

命令（令）适用于依照有关法律、行政法规发布税务规章，宣布施行重大强制性行政措施，嘉奖有关单位及人员。

决议适用于会议讨论通过的重大决策事项。

决定适用于对重要事项作出决策和部署、奖惩有关单位和人员、变更或者撤销下级机关不适当的决定事项。

公告适用于向国内外宣布重要事项或者法定事项。

通告适用于在一定范围内公布应当遵守或者周知的事务性事项。

意见适用于对重要问题提出见解和处理办法。

通知适用于发布、传达要求下级机关执行和有关单位周知或者执行的事项，批转、转发公文。

通报适用于表彰先进，批评错误，传达重要精神和告知重要情况。

报告适用于向上级机关汇报工作、反映情况，回复上级机关询问。

请示适用于向上级机关请求指示、批准。

批复适用于答复下级机关请示事项。

函适用于不相隶属机关之间商洽工作、询问和答复问题、请求批准和答复审批事项。

纪要适用于记载会议主要情况和议定事项。

【知识点2】正确选用文种

1. 根据行文方向选用文种

向上级机关的请示、汇报工作或对重要问题提出建议时用“请示”“报告”“意见”；同平级机关商洽工作，请求批准有关事项用“函”“意见”；向下级机关行文可用“通知”“批复”“通报”“决定”“意见”；对社会公开发布可用“令”“公告”“通告”。

2. 根据隶属关系选用文种

对有隶属关系的下级税务机关来文请示有关事项，使用“批复”直接答复，若请示的问题具有普遍性，可使用“通知”或其他文种行文，不再单独批复请示单位。其中，上级税务机关针对下级税务机关有关特定税务行政相对人的特定事项如何适用税收法律、法规、规章或税收规范性文件的答复或者解释，需要普遍执行的，应当按照《税务规范性文件制定管理办法》的规定制定税务规范性文件；对没有隶属关系的平级单位或其他单位来文请求批准有关事项，不能使用“批复”，应当采用“通知”或“函”，可以根据工作需要主送相关税务机关，抄送来文单位。

向有关单位请求批准事项、答复有关单位询问事项、向外单位咨询有关事项、与有关单位商洽工作、向有关单位报送工作进展情况、答复外单位来文征求意见使用“函”。

【知识点3】公文的组成

公文一般由份号、密级和保密期限、紧急程度、发文机关标志、发文字号、签发人、标题、主送机关、正文、附件说明、发文机关署名、成文日期、印章、附注、附件、抄送机关、承办部门名称、印发部门名称和印发日期、页码等组成。

【知识点4】公文的密级

公文的密级分为绝密、机密和秘密 3 个等级。尽可能根据公文的内容规定为“长期”或确定保密的最佳期限，如“秘密★6 个月”“机密★5 年”“绝密★长期”。不确定具体保密期限的，保密期限一般为绝密 30 年，机密 20 年，秘密 10 年。公文起草时，如引用标有密级公文的标题、文号或内容，必须按原公文的密级标注密级；回复标有密级的来文时，必须按来文的密级标注密级。

【知识点5】公文的紧急程度

公文的紧急程度分为特急、加急两种。特急，是指内容重要并特别紧急，已临近规定的办结时限，需特别优先传递处理的公文。加急，是指内容重要并紧急，需打破工作常规，优先传递处理的公文。

电报的紧急程度分 4 种，即：特提（即刻办理），特急（2 天内办理），加急（4 天内办理），平急（6 天内办理）。

【知识点6】公文的标题

公文的标题由发文机关、发文事由和文种组成。公文标题中除法律、法规、规章和规范性文件名称加书名号外，一般不用标点符号。标题一般用 2 号小标宋体字，排列应使用梯形或菱形，回行时要做到词意完整、排列对称、长短适宜、间距恰当。转发公文标题一般为：本机关名称 + 转发 + 被转发文件的标题 + 的通知；多层转发的，根据主要事由自拟标题，但标题中应含“转发”字样；不得以被转发文件的发文字号作为标题。

【知识点 7】主送机关和抄送机关

主送机关、抄送机关应当使用全称或规范化的简称，其中主送和抄送为税务机关时应当使用全称。抄送机关按上级机关、平级机关、下级机关次序排列；同级机关之间一般按照党委、人大、政府、政协、监委、军队、法院、检察院、人民团体、民主党派等次序排列。

二 公文写作

【知识点 1】公文拟制

公文拟制包括公文的起草、审核、签发等程序。凡需会签的公文，主办部门应当与会办部门取得一致意见后行文。以机关名义制发的公文，由机关负责人签发。其中，以本机关名义制发的上行文，由主要负责人或者主持工作的负责人签发；以本机关名义制发的平行文或下行文，由主要负责人或者主要负责人授权的其他负责人签发；对涉及重要税收政策或重大问题的，由其他负责人审阅后送主要负责人签发。签发人签发公文，应当签署意见、姓名和完整日期；圈阅或者签名的，视为同意。联合发文由所有联署机关的负责人会签。

【知识点 2】发文办理

发文办理，是指以本机关名义制发公文的过程，包括复核、编号、校对、印制、用印、登记、封发等程序。

【知识点 3】收文办理

收文办理，是指对收到公文的处理过程，包括签收、登记、审核、拟办、批办、承办、传阅、催办、答复等程序。

【知识点 4】公文归档

公文办理完毕后，应当根据《中华人民共和国档案法》及档案管理有关规定，及时将公文定稿、正本和有关材料交本部门文秘人员整理、归档。个人不得保存应当归档的公文。

归档范围内的公文，应以“件”为单位进行分类、排列、编号、编目、装订、装盒。首页右上部空白处加盖“归档章”，打印文件目录。联合办理的公文，原件由主办机关整理、归档，其他机关保存复制件或其他形式的公文副本。每年6月30日前将本部门上一年度办理完毕的公文、材料整理后集中向本机关档案管理部门移交。

>>第二节 绩效管理

绩效考核

税务绩效管理，是指税务部门运用绩效管理原理和方法，建立符合税务系统实际的绩效管理制度机制，对各级税务机关围绕中心、服务大局、履行职责、完成任务等方面，实施管理及考评的过程。

【知识点1】实施税务绩效管理的主要目标

围绕提升站位、增强税务公信力和执行力的“一提双增”目标，打造一条索链、构筑一个闭环、形成一种格局、建立一套机制，激发干部队伍动力活力，提高税收工作效能效率，努力开拓税收事业更加广阔的前景。

一条索链是“工作项目化、项目指标化、指标责任化”的工作索链；一个闭环是“绩效管理有目标、目标执行有监控、执行情况有考评、考评结果有反馈、反馈结果有运用”的管理闭环；一种格局是“纵向到底、横向到边、双向互动、环环相扣、层层负责、人人向上”的责任格局；一套机制是落实重大决策部署的快速响应机制、税收工作持续改进的评价导向机制、树立税务队伍良好形象的内生动力机制、促进征纳关系和谐的服务增效机制。

【知识点2】实施税务绩效管理的基本原则

1. 统一领导，分级管理

税务系统绩效管理在国家税务总局统一领导下开展，各级税务机关按照管理层级，负责对本局机关内设机构和下一级税务机关实施绩效管理。

2. 改革引领，突出重点

围绕税收现代化建设战略目标，强化改革发展导向，着力解决税收工作重点、难点问题，完善税收治理体系，提升税收治理能力。

3. 科学合理，客观公正

建立科学完备的绩效管理制度，实现体系完整规范，指标可控可考，程序简便易行，数据真实有效，过程公开透明，结果公平可比。

4. 过程监控，动态管理

规范流程，健全机制，改进手段，构建“目标—计划—执行—考评—反馈”的管理闭环，实施过程管理，强化跟踪问效。

5. 激励约束，持续改进

正向激励与绩效问责相结合，强化绩效结果运用，完善评价导向机制，促进自我管理、自我改进、自我提升。

【知识点3】税务绩效管理的总体布局

税务系统绩效管理的总体规划是，围绕提升站位，增强执行力，增强公信力，在税务系统建成制度科学、机制健全、结构完整、手段先进、运行高效的绩效管理体系。

【知识点4】税务绩效管理的主要流程

实施绩效管理，要按照制订绩效计划、实施绩效监控、开展绩效考评、运用考评结果和抓好绩效改进的基本流程推进。

1. 科学制订绩效计划

根据党中央、国务院的决策部署、税收现代化战略目标、国家税务总局年度工作安排以及本单位工作要点等制订绩效计划。

2. 全面实施绩效监控

把绩效管理的过程作为自我管理、自我诊断、自我评估的过程，强化过程控制和动态管理，实现自我改进、自我提升。各级各部门要建立重点工作任务和关键指标的日常监控机制，掌握工作进度和重点指标完成情况，发现问题及时纠偏，确保绩效计划的有效执行和全面完成。

3. 严格开展绩效考评

绩效考评是绩效管理的重要内容和核心环节。要科学制订绩效考评工作方案，合理确定考评方式方法。被考评单位要对绩效计划和绩效指标完成情况开展自查自评，定期提交绩效分析报告，将计划绩效与实际绩效进行分析对比，查找问题和薄弱环节，制定绩效改进措施。上级考评单位应加强绩效考评工作指导，通过绩效考评，发现问题，提出改进工作、加强管理、提升绩效的意见和建议。

4. 有效运用考评结果

绩效考评结果是改进工作、加强管理的重要依据，要坚持正向激励为主，运用于干部问责、年度公务员评先评优，不断拓展运用范围。要将考评结果与领导班子和领导干部考评、干部选拔任用、评先评优紧密挂钩，加大结果运用力度。

5. 重点抓好绩效改进

绩效管理的根本目的在于促进工作绩效不断持续改进和提升。各级各部门要针对绩效考评反映的情况和问题，结合绩效计划，纵横比较分析，查找问题，分析原因，制定整改措施，对各项管理制度、业务流程存在的不足进行完善和优化，并纳入下一年度绩效计划。

6. 注重绩效工作沟通

绩效沟通是绩效管理的灵魂和主线，贯穿于绩效管理工作始终，渗透于绩效管理各环节，是区别于传统考评的重要标志。考评与被考评单位加强沟通协调，分别就绩效计划、指标设置、过程管理、绩效考评、绩效改进等环节内容，进行深入广泛交流，形成工作共识和价值认同，确保绩效管理工作良性运转。

>>第三节 保密工作

一 国家秘密管理

【知识点 1】国家秘密范围和密级

涉及国家安全和利益的事项，泄露后可能损害国家在政治、经济、国防、外交等领域的安全和利益，应当确定为国家秘密。国家秘密的密级分为绝密、机密、秘密 3 级。绝密是最重要的国家秘密，泄露会使国家的安全和利益遭受特别严重的损害；机密是重要的国家秘密，泄露会使国家的安全和利益遭受到严重的损害；秘密是一般的国家秘密，泄露会使国家的安全和利益遭受损害。

【知识点 2】保密期限

国家秘密的保密期限，除另有规定外，绝密级不超过 30 年，机密级不超过 20 年，秘密级不超过 10 年。各级税务机关应当根据工作需要，确定具体的保密期限、解密时间或者解密条件。国家秘密的保密期限已满的，自行解密。

【知识点3】国家秘密标志形式

国家秘密事项的密级一经确定，须在秘密载体上做出明显的标志。国家秘密标志形式为“密级★保密期限”“密级★解密时间”或者“密级★解密条件”。按照有关规定，纸介质文件、资料的国家秘密标志应当标注在文件、资料首页或封面的左上角。

二 定密管理

【知识点】税务工作国家秘密定密管理

定密工作，是指对税务工作中所产生的国家秘密事项，及时准确确定密级、保密期限、知悉范围，并对国家秘密载体做出标志，及时通知应当知悉的机关单位和人员，并按规定进行全过程管理的活动。税务机关所产生的关系国家安全和利益的涉密事项，并在一定时间内只限一定范围的人员知悉的，应按税务工作国家秘密范围的规定定密。

国家税务总局具有税务工作国家秘密绝密级、机密级、秘密级定密权，省税务局、国家税务总局驻各地特派办具有税务工作国家秘密机密级、秘密级定密权。省税务局不得对市、县税务局进行定密授权。各级税务机关均依法具有派生定密的定密权，无须申请相应的定密授权。

三 涉密人员管理

【知识点1】涉密人员管理

涉密人员，是指经审查批准经常接触、处理国家秘密事项或知悉、掌握国家秘密事项，在保守国家秘密安全方面负有责任的人员。

税务机关按照下管一级的原则，对涉密人员实行分级管理。涉密人员按其涉及国家秘密事项的密级程度实行分类管理。核心涉密人员是产生、经管或经常接触、知悉绝密级国家秘密事项人员；重要涉密人员是产生、经管或经常接触、知悉机密级国家秘密事项人员；一般涉密人员是产生、经管或经常接触、知悉秘密级国家秘密事项人员。各级税务机关要严格控制接触国家秘密的人员范围，严格限制涉密人员接触国家秘密的范围。各级税务机关要定期对涉密人员进行保密形势、保密法律法规、保密技能等方面的培训。各级税务机关对涉密人员在岗期间履行保密职责、遵守保密纪律和接受保密教育等情况进行定期考核，加强日常管理和监督。

涉密人员离岗、离职的，按照人事管理权限和有关保密规定办理。经审核批准调离涉密岗位的，必须主动清退保存和使用的秘密载体，办理移交手续，并签订涉密人员离岗保密承诺书。涉密人员调离涉密岗位，实行脱密期管理，脱密期内未经审查批准，不得擅自出境，不得到境外驻华机构、组织或者外资企业工作，不得为境外组织、人员或者外资企业提供劳务、咨询或者服务等。涉密人员脱密期限为：一般涉密人员6个月至1年，重点涉密人员1年至2年，核心涉密人员2年至3年。

【知识点2】保密要害部门部位管理

税务机关保密要害部门，是指日常工作中产生、传递、使用和管理绝密级、机密级、秘密级国家秘密的最小行政单位，如办公室、财务处等；保密要害部位，是指集中制作、存储、保管国家秘密载体的专用、独立、固定场所，如档案室、机要室、计算机中心等。

保密要害部门部位必须严格管理制度，建立健全管理责任制，签订保密要害部门部位负责人保密责任书。保密要害部门部位必须具备完善的人防、技防、物防等防护措施，安装电子监控、防盗报警等安全防范设施。保密要害部门部位使用的办公设备必须符合保密管理要求和保密技术标准，使用进口设备必须进行安全技术检查。各种保密设备的维护、维修应当在涉密工作人员全程陪同监督下进行，并建立维护维修记录。保密要害部门部位的国家秘密载体必须在符合安全标准的设备中保存，并明确管理责任人。保密委员会办公室要定期检查保密要害部门部位技术防范措施落实情况，并进行记录。

四 涉密载体管理

【知识点1】国家秘密载体管理

国家秘密载体，简称涉密载体，是指以文字、数据、符号、图形、图像、声音等方式记载国家秘密信息的纸介质、光介质、电磁介质等各类物品。

收发涉密载体应当履行清点、登记、编号、签收等手续。各种形式传递的涉密载体，必须履行机要登记后方可使用。传递涉密载体应当通过机要交通或机要通信部门。

制作涉密载体应当标明密级和保密期限，注明发放范围、制作数量、编排顺序号。制作涉密载体应在税务机关保密室或国家保密行政管理部门审查批准的定点单位进行，制作场所必须符合保密要求。

收到涉密载体后，应按照制发单位的要求，确定知悉人员范围。任何部门和个人不得擅自扩大国家秘密的知悉范围。

涉密载体原则上不允许复制。确因工作需要复制，应履行审批手续，经主要领导批准。涉密载体复制后，机要室应对复制份数、复制件密级标识等进行核对，并逐份登记，加盖复制单位戳记，标明复制部门、编号和时间。涉密载体复制件要视同原件管理。

涉密载体应当存放在密码文件柜中，由专人管理。禁止携带涉密载体参加涉外活动或出境。

工作人员调离工作单位，或因退休、辞职等原因离开工作岗位，应对个人所保存的涉密载体进行登记，并定期清查、核对。涉密载体的归档按照国家有关档案管理规定执行。

涉密载体销毁要履行清点、登记、监销、批准手续，经主管领导审核批准后，送交专门的涉密载体销毁机构销毁。

【知识点2】网络保密管理

1. 信息设备保密管理

信息设备，是指计算机及存储介质、打印机、传真机、复印机、扫描仪、照相机、摄像机等具有信息存储和处理功能的设备。

税务机关人员在使用信息设备时不得有下列行为：

（1）将涉密信息设备接入互联网及其他公共信息网络。

（2）使用非涉密信息设备存储、处理国家秘密。

（3）在涉密计算机与非涉密计算机之间交叉使用存储介质。

（4）使用低密级信息设备存储、处理高密级信息。

（5）在未采取技术防护措施的情况下将互联网及其他公共信息网络上的数据复制到涉密信息设备。

（6）在涉密计算机与非涉密计算机之间共用打印机、扫描仪等信息设备。

（7）在涉密场所连接互联网的计算机上配备或安装麦克风或摄像头等音频视频输入设备。

（8）使用具有无线互联功能或配备无线键盘、无线鼠标等无线装置的信息设备处理国家秘密。

（9）擅自卸载涉密计算机上的安全保密防护软件或设备。

（10）将涉密信息设备通过普通邮政或其他无保密措施的渠道邮寄、托运。

2. 信息系统保密管理

信息系统，是指由计算机及其配套设备、设施构成，按照一定应用目标和规则存储、处理、传输信息的系统或者网络。

税务机关人员在使用信息系统时不得有下列行为：

（1）将涉密信息系统接入互联网及其他公共信息网络。

（2）在非涉密信息系统中存储、处理和传输国家秘密信息。

（3）在未经审批的涉密信息系统中存储、处理和传输国家秘密信息。

（4）在低密级涉密信息系统中存储、处理和传输高密级信息。

（5）擅自改变涉密信息系统的安全保密防护措施。

>> 第四节 应急管理

突发事件应对和处置

【知识点 1】突发事件定义及其分类分级

突发事件，是指突然发生的，对税务机关、税务工作人员和相关人员及其财产造成或可能造成损害、构成威胁，需要采取应急处置措施予以应对的自然灾害、事故灾难、社会安全和公共卫生事件。

上述各类突发事件按照其性质、严重程度、可控性和影响范围等因素分成 4 级，特别重大的是Ⅰ级，重大的是Ⅱ级，较大的是Ⅲ级，一般的是Ⅳ级。突发事件有时相互交叉和关联，某类突发事件可能和其他类别的事件同时发生，或引发次生、衍生事件，要具体分析，统筹应对。

【知识点 2】突发事件的预防预警

各级税务机关要建立应对突发事件的预防、预警、处置、信息报告、信息发布、恢复重建等运行机制，提高应急预防、处置和指挥水平。要认真做好全员防灾抗灾教育工作，普及紧急避险、自救互救知识，增强公共安全和防范风险的意识。要针对各类突发事件完善预防机制，开展风险分析和排查，做到早发现、早报告、早处置。对可能发生的突发事件，要及时进行综合评估，预防突发事件的发生。

各级税务机关应积极参与当地政府组织的应急预警工作，加强本部门的情况监测，最大限度地发现突发事件的苗头、征兆。根据预测分析结果，依据可能发生和可以预警的突发事件的级别，将预警等级对应划分为特别重大（Ⅰ级）、重大（Ⅱ级）、较大（Ⅲ级）、一般（Ⅳ级）4 个等级，分别用红色、橙色、黄色、蓝色表示。

【知识点 3】突发事件的先期处置

突发事件发生后，事发地税务机关应紧密依靠当地政府及有关部门采取措施控制事态发展，保护突发事件现场涉密资料、重要物资的安全，收集并保存相关证据，组织开展应急救援工作，并及时向上级税务机关报告。事发地税务机关应根据事件的发生范围、性质和影响程度，按照职责和规定权限启动有关应急预案，合理调配人力、财力、物力等应急资源。

【知识点4】突发事件的应急响应

税务系统特别重大（Ⅰ级）、重大（Ⅱ级）突发事件发生后，事发地税务机关要立即报告上一级税务机关，最迟不超过1小时。必要时，可直接向国家税务总局报告，同时补报上一级税务机关。省税务机关最迟在3个小时内报告国家税务总局（同时向国家税务总局应急工作领导小组办公室和相应的专项应急工作组报告），并报告省级政府，不得谎报、瞒报、漏报和迟报。需要上报国务院的突发事件信息，国家税务总局应在国务院规定时限（4小时）内将突发事件信息按程序上报国务院。

对较大（Ⅲ级）、一般（Ⅳ级）突发事件因本身比较敏感、发生在敏感地区、敏感时间，或可能发展为重大（Ⅱ级）以上的突发事件，事发地税务机关可不受特别重大、重大突发事件分级标准的限制，直接向上级机关报告信息。对当地省级人民政府规定的较大（Ⅲ级）以上突发事件，或出现税务工作人员非正常死亡的事件，事发地税务机关应及时逐级报告国家税务总局。对国家税务总局要求上报的突发事件，应在接到通知后立即上报。

报告形式包括口头报告、书面报告。口头报告内容为突发事件的时间、地点、事由、现状、影响、已采取的措施、联系人及联系方式等。其中，报告时间尽量精确到分钟。口头报告后应及时按要求报送书面报告，值班接报人员必须按规定填写报告记录。书面报告分为初次报告、阶段报告和总结报告。其中，初次报告应报告突发事件基本情况，一般包括事件发生的时间、地点、信息来源、事件起因、主要性质、基本过程、已造成的后果、影响范围、事件发展趋势、先期处置情况、拟采取的措施以及下一步工作建议、联系人员和联系方式等。阶段报告应报告突发事件的详细处理情况及事态发展变化趋势、下一阶段的工作措施等，并对初次报告内容进行补充、修正。阶段报告应根据突发事件事态发展随时报告。总结报告应对突发事件的起因、过程、处置、后续工作、经验教训等进行总结。事发地税务机关要在突发事件处置结束后10个工作日内报送总结报告。

【知识点5】突发事件的后续管理

突发事件已处置完毕或取得预期处置结果后，应终止应急程序。由应急处置机构提出意见，经应急管理办公室审核，报应急工作领导小组批准。应急处置机构整理应急工作资料，清理遗留未结事项，移交相关职能部门处理，特别是要防止发生次生、衍生事件。

受突发事件影响的税务机关要根据伤亡损失情况有序开展救助、补偿、抚慰、抚恤、安置等恢复重建工作。需国家税务总局予以援助支持的，由事发地省税务机关提出申请，按有关规定报经批准后组织实施。

突发事件应急处置工作实行行政领导负责制和责任追究制。对在突发事件应急管理工作中做出突出贡献的单位和个人，给予表彰和奖励。对迟报、谎报、瞒报、漏报突发事件重要情况或在应急管理工作中有其他失职、渎职行为的，将追究有关责任人的责任。

>> 第五节 涉税舆情管理

一 涉税舆情分析研判

【知识点 1】舆情监测的重要性

对于舆情的监测和准确研判是舆情应对的前提。监测得越早、研判得越准，越有利于应急处置工作。相反，耽误最佳处置时机，一些负面导向会引发一系列矛盾，演变为社会问题，进而陷入被动。税务机关要加强涉税舆情的监测分析，运用现代技术手段，密切跟踪和掌握涉税舆情信息，做好分析研判，区别舆情性质，把握发展态势，及时有效地进行处理，不断提高涉税舆情的掌控和处置能力，为税收事业健康发展营造良好的舆论环境。

【知识点 2】舆情监测的举措

各级税务机关要从思想上高度重视舆情工作，时刻保持对舆情的清醒认识，正视网络媒体挑战，把握网络舆情的发展趋势，把网络舆情当作重中之重来应对。按照全面覆盖、科学规划、分级负责、属地管理、重点突出、严密组织、细致疏导的原则，加强与有关管理部门的协作，完善网络涉税舆情监测机制，加强涉税舆情监控。

1. 健全涉税舆情领导机制

各级税务机关在由主要领导、分管税收宣传工作局领导、各部门主要负责人成立涉税舆情工作领导小组之外，还要明确网络舆情应对工作部门，配强网络舆情应对责任人及网络宣传员，负责日常的网络舆情的监测工作。省级税务机关应配备专职人员或委托专业机构对涉税舆情进行 24 小时不间断监控。

税务机关内部各部门之间需加强舆情信息防控工作的沟通协作，共同研究解决工作中的难点、热点问题，提升涉税舆情的防控水平和应对能力。选拔一批政治过硬、业务精通、熟练掌握信息网络技术的税务人员，兼任网络宣传员，建立涉税舆情管理人才库。邀请相关领域的专家学者、媒体人士担任特邀税收评论员。加强对税收舆情工作人员和网络宣传员的培训，帮助他们加强对税收政策制定执行、税收征管、行政管理等工作的了解，防患于未然。

2. 健全涉税舆情监控制度

对监控出来的涉税舆情立即编写舆情报告，密切关注其发展动态，及时进行分类整理，研判舆情风险级别，提出处理意见，为领导和上级机关科学决策提供依据。

【知识点3】网络舆情研判

网络舆情研判旨在对涉税舆情进行判断、评估，形成舆情预警信息，及时做好各种应对准备，增强防范和化解舆情危机的能力。综观各类网络舆情事件的发展进程，如果在事件爆发之初对危机有较强的预警意识和较为准确的趋势研判，往往能够在很大程度上缓和冲突、化解危机。

应依据一定时期涉税网络舆情的内容和特征，组织做好舆情会商和量化分析工作，预判舆论热点、媒体焦点及其发展走势，根据其影响力和覆盖范围，科学界定舆情重要程度，分析研判舆情对税收工作的潜在影响和风险，根据网络舆情的活跃程度、影响深度和覆盖范围，有针对性地提出舆情应对措施和工作改进意见，编发网络舆情日志、舆情专报等，为领导科学决策提供依据。

舆情负责部门对重要社会舆情信息要进行长期跟踪分析研究，准确判断舆情变化的走势。对突发舆情事件，要及时形成舆情研判分析报告，报告应包含涉税舆情突发事件的各要素，包括：时间、地点、人物；事件起因、性质、规模、基本过程、已造成的危害、影响范围；信息来源、舆情现状、未来走势判断；目前处置情况、事态发展趋势和下一步工作建议。

二 涉税舆情引导与管理

【知识点】涉税舆情引导与管理的举措

税收舆情管理，就是着眼于营造和谐税收环境，根据社会舆论关注的涉税热点，科学应对和及时处置涉税舆情。舆情管理是税收宣传工作的重要一环，必须坚持底线思维，持续加强，不能放松。涉税网络舆情既是民众利用新媒体参与执法监督的重要途径，也是税务部门重建公信力、重塑和谐征纳关系的必经之路。只有深入研究涉税网络舆情的应对和管理办法，才能防舆情于未然。

1. 完善工作机制

把税收舆情管理工作作为一项重要任务，与税收业务工作紧密结合起来，一同部署，一同落实，一同推进。按照“上级指导、属地主责、分级管理、谁主管谁负责”的原则，严格落实属地管理责任，建立健全主要领导负总责、分管领导直接负责、宣传部门牵头组织协调、各部门参与配合的组织领导体系，健全完善税收舆论工作机制。要建立配套的信息交换、舆情通报、联席会议等制度，加强舆情应对处置的沟通协调。

2. 抓好重点环节

完善岗位职责和工作流程，规范舆情管理。要制定应急预案，明确舆情处置各环节的措施和要求，包括发布信息、引导公众、平衡舆论、消除影响等方面的操作流程和策略技巧，确保出现舆情时应对工作有条不紊。要充实舆情管理力量，安排专人实时监测，全面收集舆情信息，及时准确报告，加强分析研判，发生重大舆情要迅速启动应急预案，确保及时发现、准确判断、快速处置。认真落实主要负责人亲自研究应对重大负面舆情要求，出现重大舆情要在第一时间向上级税务机关和当地党委、政府及有关部门报告，及时采取防范措施，不得瞒报、漏报、迟报。

3. 正确引导舆论

加强与当地重点媒体的沟通合作，形成良好互动机制。舆情事发地税务机关应根据舆情事态发展情况采取相应引导措施，及时发布新闻通稿做好相关解读，结合实际选择信息发布形式、发布平台和发布时机，坚持速报事实、慎报原因、重报态度、续报进展的原则，客观、准确发布信息，包括调查核实情况、税务机关态度及处理意见等。针对负面的涉税舆论，要发挥网络宣传员和特邀评论员作用，发生重大涉税舆情时各方联动、及时发声，做到冷热均衡、疏密得当、深浅适宜，统一口径，快速发声，回应关切，以正视听。对于舆情中暴露的问题和矛盾要积极应对，第一时间发布客观、真实的信息，消除负面舆论，维护税务机关公信力。

4. 多部门联合应对

要加强对外协调，各地税务机关要主动向当地党委、政府报告舆情工作，加强与当地新闻宣传、公安、网监等部门的联系，密切与当地新闻媒体和重点网站的工作联系，建立多部门的信息交换、舆情通报、联席会议等制度，主动争取支持。要加强内部配合，相关业务部门要积极参与舆情管理，特别是涉及收入、政策、执法、服务等方面的舆情，要紧密配合，共同应对。

5. 落实舆情管理责任

舆情管理涉及方方面面，必须强化责任、狠抓落实。要强化舆情管理属地责任，按照分级负责的原则，坚持一级管一级、层层传导压力，哪里出现负面舆情，就在哪里处置，及时将舆情苗头化解在基层、遏止在萌芽状态。税务总局和省税务局要对下级舆情应对实行督办与绩效考核，督促指导舆情发生地税务机关做好应对处置工作，对舆情处置情况按月通报，对排名靠后或负面舆情明显增多的单位要求作出解释说明。加强责任追究，对工作不到位导致舆情处置不力，造成工作被动和不良影响的，严肃追究有关单位和人员的责任。各级税务机关要切实加强税收宣传归口管理，严肃新闻宣传纪律。

6. 形成舆情倒逼机制

各级税务机关特别是领导干部要强化舆情意识，根据舆情反映的问题，有针对性地加强自身建设，从源头上防范和减少负面舆情。特别是对国务院重大决策部署以及其他直接面向纳税人的关键环节、敏感问题，加强排查，发现苗头性问题迅速整改，最大限度防止负面舆情的发生、发酵。要针对税收治理能力不足的问题，进一步规范执法服务，强化内部管理，防止因决策不科学、政策不落实、执法不规范、为税不清廉等引发负面舆情。要针对少数干部宗旨意识、服务观念淡化的问题，加强群众观点和群众路线宣传教育，使其自觉摆正位置，尊重纳税人，服务纳税人。要针对群众诉求渠道不畅的问题，注重运用网上调查、投诉举报、在线访谈等方式，引导纳税人通过正常程序和途径反映问题、表达意见、维护权益，密切税务机关与纳税人的联系。

>>第六节 会议管理

一 会议分类

从不同的角度来看，同一个会议可以分为不同的种类。每类会议都有其各自的特点和要求，了解和掌握会议的类型，目的在于更好地认识和组织会议，最大限度地发挥会议的作用。按照不同的标准，会议分类如下。

【知识点1】按会议范围分类

1. 税务系统会议

根据税务系统会议费管理相关办法以及各省（直辖市、自治区）直属机关会议费管理办法关于会议的分类，税务系统会议包括二类会议、三类会议和四类会议三种。

（1）二类会议。二类会议指年度全国税务工作会议，要求各省、自治区、直辖市和计划单列市税务局主要负责同志参加。二类会议原则上每年不超过1次。

（2）三类会议。三类会议指国家税务总局及其内设机构召开的专业性会议，以及各省（直辖市、自治区）和计划单列市税务局召开的每年一次的年度工作会议。三类会议计划，提交本单位局长办公会或党委会审批后执行。

（3）四类会议。四类会议指除上述二类、三类会议以外的其他业务性会议，包括国家税务总局内设机构召开或各省税务局及其下属各单位召开的小型业务会、研讨会、座谈会、评审会等。四类会议经本单位局长办公会或党委会审批，或经单位分管局领导审核批准后并列入本单位年度会议计划。

2. 局内会议

局内会议主要包括局党委会议、局务会议、局长办公会议和局领导专题会议四种。

（1）局党委会议。局党委会应按议题确定、预告、酝酿讨论、形成决议等程序进行；局党委会议日期和会议议题由党委书记或主持工作的党委成员确定，会议议题确定前一般应征询党委成员的意见。会议议题和日期确定后，通常应提前1～2天通知党委成员及有关人员做好准备。无特殊原因，不得临时动议召开党委会、临时增加会议议题。党委会议根据需要不定期召开，会议日期和会议日程由党委书记确定；全体党委成员参加党委会议，应有半数以上党委委员到会方可召开，讨论和决定干部任免、处分党员事项必须有2/3以上党委委员到会。党委会议由党委书记召集并主持，也可由党委书记委托其他党委成员召集并主持，除特殊情况外，分管此项工作的党委成员必须到会；中央规定的重大决策、重大项目安排、重要干部任免和大额度资金使用等事项，实行主要负责人末位发言制，集体研究、集体决策。党委会议研究讨论的问题和确定的事项要以会议纪要或文件正式公布的为准。

（2）局务会议。局务会议由局领导和局内各单位主要负责人参加，由局长或其委托的局领导召集和主持。局务会议的主要任务是：传达贯彻党中央、国务院及上一级税务机关、地方党委政府重要决定、重要会议精神；通报重大事项；讨论研究年度工作和全局性重要工作；讨论审议税收规范性文件和工作制度；听取各部门阶段性工作汇报等。

（3）局长办公会议。局长办公会议由局领导和局内有关单位负责人参加，由局长或其委托的局领导召集和主持。局长办公会议的主要任务是：贯彻落实上一级税务机关及地方党委政府关于税收工作的重要指示和决定，研究重要事项，通报和讨论其他重要事项，研究事关税收工作全局的重要问题，研究支出，研究其他应当由局长办公会议讨论决定的重大问题。

（4）局领导专题会议。局领导专题会议由局领导根据工作需要召集，有关单位负责人参加。局领导专题会议的主要任务是：专题研究、部署、协调和处理有关工作事项。

局务会议、局长办公会议的议题由局长确定，会议组织工作由办公厅（室）负责。局领导专题会议的议题由分管局领导确定，会议组织工作由会议主题涉及的主办单位负责。

【知识点2】按会议内容分类

1. 税务工作会议。贯彻中央会议精神，总结上一年度税收工作情况，部署本年度税收工作任务。

2. 全面从严治党工作会议。贯彻落实中央和中纪委会议精神，总结上一年从严治党工作，研究部署本年度工作任务。

3. 专题工作会议。围绕某一专题，召开工作推进会，如党史学习教育动员部署会、绩效工作分析会议、税务系统政府采购工作专题会等，分析当前税收工作形势，有效推进各项重点工作。

【知识点3】按会议形式分类

1. 见面会议。根据工作需要，定期召开专业性的见面会议。

2. 视频会议。专业性会议，应尽可能采用视频会议等快捷、节俭的形式召开，并由相关层级税务局有关人员参加。

应当改进会议形式，充分运用电视电话、网络视频等现代信息技术手段，降低会议成本，提高会议效率。传达、布置类会议优先采取电视电话、网络视频会议方式召开。电视电话、网络视频会议的主会场和分会场应当控制规模，节约费用支出。

不能够采用电视电话、网络视频召开的会议实行定点管理。各单位会议应当到定点会议场所召开会议，按照协议价格结算费用。未纳入定点范围，要选择价格低于会议综合定额标准的单位内部会议室、礼堂、宾馆、招待所、培训中心。税务干部学校可优先作为会议场所。

二 会议管理要点

会议活动是一项有目的、有计划、有组织的活动，是管理工作的一种重要方法。

【知识点1】会议筹备

完整的会议策划是成功举办会议的前提。会议策划方案的主要内容包括会议主题、会议内容、参会对象、会议形式、会议经费、会议名称、会议时间和地点、发言人员和发言方式、会议议程和日程安排等。会议材料是会议目的、会议内容和会议成果的直接体现，是会议组织当中的一项重点工作。会议材料是指整个会议过程中所需要的有关文字材料，主要是指会前所做的文字起草工作。

【知识点2】会议控制

为了使会议能以最短的会期、最佳的形式、最低的成本取得最高的会议效率，达到预期的会议目标，就必须对会议进行控制。会议控制包括会议内容、会议规模和范围、会议地点、会议时间等方面。

1. 会议内容。会议内容的控制主要包括对会议目标、议题和发言的控制。明确会议目的，严格控制以各种名义召开的会议，不开泛泛部署工作和提要求的会议，提高会议实效，开短会、讲短话，力戒空话和套话。准备不充分的会议坚决不开，内容相关的会议合并召开，议题过多的会议分别召开。

2. 会议规模和范围。会议出席对象要具体明确，与会人员必须准时出席会议，因故不能参会的，必须履行请假手续。建立候会制度，预先估计每项议题需要的时间，通知相关参会人员依次进入会场。所有会议的出席人员，必须严格遵守相关会议的保密规定。对确需召开的全局性会议要建立报请审批制度，能以局部会议解决问题的，就不召开全局性会议。

3. 会议地点。会议地点应综合考虑会场的规模、大小、设施能否满足召开会议的需要，以及周边环境、交通、安全等因素是否适宜。严格执行会议管理制度，不得到明令禁止的风景名胜区举办会议，不得超规模、超标准，不得向基层或纳税人转嫁、摊派会议费，不得到非定点会议场所召开会议。

4. 会议时间。会议时间包括开会时间和会期长短两个方面，以解决问题为目的，时机成熟时召开会议。会期长短以会议的实际需要来决定，包括发言是否充分、议题是否完成等。认真贯彻相关规定，精简会议活动，切实改进会风。会前进行预测，在保证会议效果的情况下，尽量做到长会短开。有效控制与会人员按时参会，做到准时开会、准时结束，限制大会发言人的发言时间。

【知识点3】会议协调

会议协调是会议组织管理的重要手段，其实质是统一认识、调整关系、解决矛盾、协调行动。会议组织工作头绪繁杂、环节较多，每个环节之间相互关联、相互影响。因此，要重视会议工作的总体协调与安排。要建立一套有效的指挥调度系统，做好会务工作总体协调，明确岗位责任。必要时，列出详细的任务分工表，人手一份，以备检查和落实，及时协调解决问题。具体包括：文稿起草、会务组织、会场布置、文艺演出、来宾接待、生活服务、安全保卫、交通疏导、医疗急救、电力保障等。组会领导要瞻前顾后、统筹协调，既全面又具体地思考问题；会议工作人员既要清楚自己担负的职责，又要了解会议的总体要求。所有人员既要独立工作、各负其责，又要密切协作、主动配合。

【知识点4】会议精神落实

会议决议是会议目标的具体体现，在会议过程中，相关人员要积极协助会议主持人，督促会议决议的形成。要有一个准确的会议记录，并根据需要形成会议纪要。每次会议要形成决议，会议的各项决议要有具体执行人员及完成期限。建立会议事后跟踪督促制度，使会议的每项决议都有根据、有检查。对会议要求和决定的事项，各单位及全体干部必须按会议要求严格贯彻执行。贯彻执行中确因特殊情况难以到位的，可以按组织原则反映情况，除非执行会造成重大不良影响或损失，一般在组织上未改变决定之前，不得停止或擅自更改已决定事项的执行。一些公开的会议，会议中形成的有关决议和方针，一旦形成文字并经审核把关后，即可通过传播媒介广泛宣传，以推动会议精神的贯彻落实。一些比较重要的会议如会期较长，应根据需要编制会议简报，做好会议的宣传报道工作。

【知识点5】会议应急管理

要从战略和全局的高度，提高公共安全和处理突发事件的能力，保障生命和财产安全。特别重要的会议，根据情况成立会议应急管理小组，制定会议突发事件紧急预案、会议安全保卫工作方案和会议医疗卫生保障制度，维护会场秩序，保护参会人员人身和财产安全。

三 会议座次安排

【知识点1】主席台的座次安排

一般以左为上，右为下。领导为单数时，1 号领导居中，2 号领导在 1 号领导左手位置，3 号领导在 1 号领导右手位置；领导为偶数时，1 号、2 号领导同时居中，2 号领导依然在 1 号领导左手位置，3 号领导依然在 1 号领导右手位置。

【知识点2】签字仪式的座次安排

一般为签字双方主人在左边，客人在主人的右边。双方其他人数一般对等，按主客左右排列。

【知识点3】会谈式会议的座次安排

会谈的座次，可根据会议室的桌椅摆放布局，参照图 5－1、图 5－2 安排。

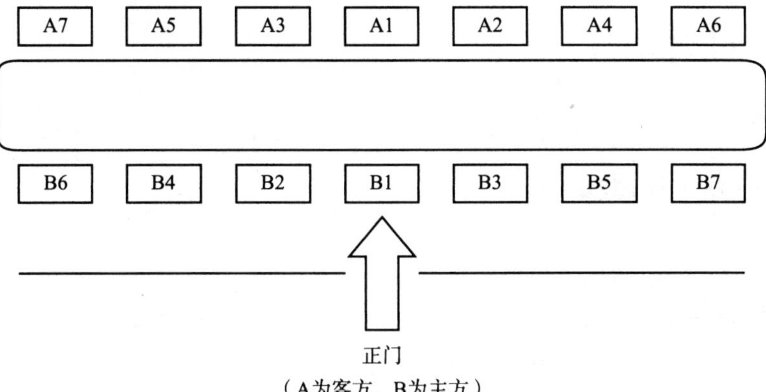

图 5－1　会谈式会议座次安排示意图（一）

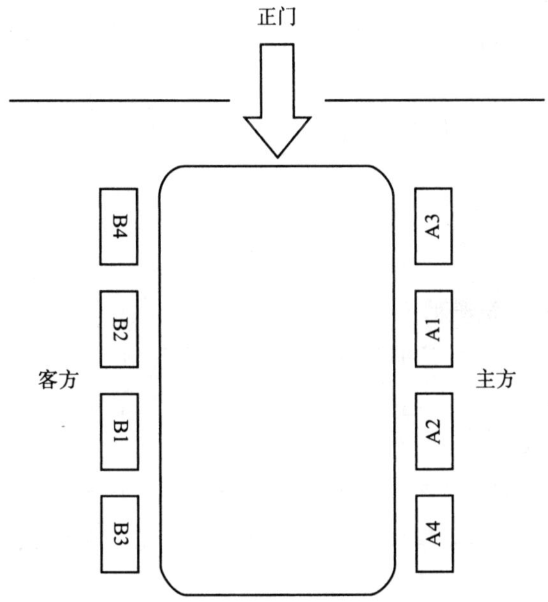

图 5－2　会谈式会议座次安排示意图（二）

>>第七节 政务信息

一 税收信息工作概述

【知识点1】税收信息的分类

税收信息是反映税收工作情况、服务各级领导决策、指导基层税收工作的各类消息。从形式上可划分为动态性信息、经验性信息、问题建议性信息。从内容上可划分为行政管理信息、税收业务信息。从类型上可划分为快讯、专报。

【知识点2】税收信息的意义

1. 汇报情况。及时将本单位的工作情况向上级汇报和反映。

2. 交流工作。如上级机关将下级单位的情况和经验在全系统推介，促进其他单位学习借鉴。

3. 推动发展。上下级机关通过信息沟通，把握动向，指导和推动全局工作的开展。

二 税收信息管理流程

【知识点1】税收信息流程

税收信息流程包括税收信息的收集、筛选、整理、刊发。

【知识点2】信息收集

收集是通过捕捉、搜集，把零散无序的税收信息聚集起来的过程，是信息处理流程的第一环节。税收信息的收集要多途径进行，并与工作调研相结合，努力做到有综合、有分析、有预测。

【知识点3】信息筛选

税收信息员按照为领导服务、为基层服务的原则，对收集到的税收信息进行筛选。对各类信息资料分门别类处理，评估其使用价值，去粗取精、综合分析。在筛选时，一要去伪存真，注意信息的真实性；二要围绕中心、聚焦税收改革发展，注意信息的针对性；三要深入分析，注意信息的典型性和价值性；四要权衡取舍，注意信息的增值利用。

【知识点4】信息整理

税收信息员要及时整理筛选后的税收信息，做到材料准确、主题突出、观点鲜明、层次清楚、文字精练，不断提高信息质量。

三 税收信息写作技能

【知识点1】税收信息写作基本原则

1. 真实性原则。税收信息必须来自税收工作实际，真实反映税收工作，必须实事求是，杜绝虚假信息。

2. 实用性原则。区分不同层次的服务对象提供各类信息资料。对预测性、综合性和突出性税收信息，做到有情况、有分析、有建议，为领导的决策提供参考依据。

3. 时效性原则。及时传递信息，以保证信息的使用价值。税收信息的传递采用专报、简报、动态、快报等刊物形式进行。传递信息要区分不同种类，根据不同报送对象合理分流，有选择地上报或下发。凡是需要上级机关及时掌握、立即处理的重要情况和紧急信息，都要迅速收集上报。

【知识点2】税收信息选题技巧

1. 重大决策部署落实情况。主要反映党中央、国务院对税收工作作出的重大决策部署，重要会议决定的事项，重要文件提出的要求，领导同志作出的重要批示、考察调研时的重要指示，以及国家税务总局重大工作安排在各级税务机关的贯彻落实情况。

2. 税务工作创新开展情况。主要反映各级税务机关工作创新情况，重点反映基层税务机关堵漏增收、依法治税、落实税收政策和税收改革、纳税服务、税收风险管理、信息管税、干部队伍建设等方面的创新举措及其成效。

3. 税收工作中的突出问题。主要反映税收工作中存在的突出问题，如需要上级领导重视和解决的问题；各项税收制度和税收政策在执行中存在的问题和建议；税收工作面临的新情况、新问题；重大涉税案件和重大涉税舆情问题；等等。

【知识点3】税收信息修改方法

1. 以政策为准绳。税收信息员必须学习掌握党和国家的方针政策，以及各项税收政策法规和重要文件要求，防止信息稿件出现违反现行政策或混淆政策界限的现象。

2. 压缩信息篇幅。主要应掌握以下几种方法：第一，紧扣主题，根据主题的需要来取舍；第二，摘取精华，保留信息稿件中含有较大信息价值的内容；第三，精选事例，只选取一两个典型的事例，或者将若干有共同点的事例概括起来；第四，删节文字，确保语言表达简洁、凝练。

3. 对原稿进行改写。主要有两种方法：第一，改变角度。常见的角度转换有领导角度与群众角度转换，从介绍经验角度改为报送成果，从报告工作情况角度改为研究问题，从某个具体、局部的小角度改为全局的大角度，等等。第二，改变结构。使稿件各部分之间紧密联系起来，有一个清晰的内在逻辑，或按时间顺序，或按事情的发展过程，或按事物之间的因果关系来写。

>>第八节 政务公开

一 政府信息公开相关规定

【知识点1】政府信息公开的概念

政府信息公开，是指行政机关在履行职责过程中制作或者获取的，以一定形式记录、保存的信息，及时、准确地公开发布。

广义上的政府信息公开主要包括两个方面的内容：一是政务公开，二是信息公开。狭义上的政府信息公开主要指政务公开。政务公开主要是指行政机关公开其行政事务，强调的是行政机关要公开其执法依据、执法程序和执法结果，属于办事制度层面的公开。广义上的政府信息公开的内涵和外延要比政务公开广阔得多，不仅要求政府事务公开，而且要求政府公开其所掌握的其他信息。

【知识点2】政府信息公开的主管部门

国务院办公厅是全国政府信息公开工作的主管部门，负责推进、指导、协调、监督全国的政府信息公开工作。

县级以上地方人民政府办公厅（室）是本行政区域的政府信息公开工作主管部门，负责推进、指导、协调、监督本行政区域的政府信息公开工作。

实行垂直领导的部门的办公厅（室）主管本系统的政府信息公开工作。

【知识点3】政府信息公开工作机构的具体职能

各级人民政府及县级以上人民政府部门应当建立健全本行政机关的政府信息公开

工作制度，并指定机构（以下统称政府信息公开工作机构）负责本行政机关政府信息公开的日常工作。

【知识点4】政府信息公开的原则

行政机关公开政府信息，应当坚持以公开为常态、不公开为例外，遵循公正、公平、合法、便民的原则。

行政机关应当及时、准确地公开政府信息。

行政机关发现影响或者可能影响社会稳定、扰乱社会和经济管理秩序的虚假或者不完整信息的，应当发布准确的政府信息予以澄清。

各级人民政府应当积极推进政府信息公开工作，逐步增加政府信息公开的内容。

各级人民政府应当加强政府信息资源的规范化、标准化、信息化管理，加强互联网政府信息公开平台建设，推进政府信息公开平台与政务服务平台融合，提高政府信息公开在线办理水平。

公民、法人和其他组织有权对行政机关的政府信息公开工作进行监督，并提出批评和建议。

【知识点5】政府信息公开的特殊情况

依法确定为国家秘密的政府信息，法律、行政法规禁止公开的政府信息，以及公开后可能危及国家安全、公共安全、经济安全、社会稳定的政府信息，不予公开。

涉及商业秘密、个人隐私等公开会对第三方合法权益造成损害的政府信息，行政机关不得公开。但是，第三方同意公开或者行政机关认为不公开会对公共利益造成重大影响的，予以公开。

行政机关的内部事务信息，包括人事管理、后勤管理、内部工作流程等方面的信息，可以不予公开。

行政机关在履行行政管理职能过程中形成的讨论记录、过程稿、磋商信函、请示报告等过程性信息以及行政执法案卷信息，可以不予公开。法律、法规、规章规定上述信息应当公开的，从其规定。

【知识点6】政府信息的公开审查机制

行政机关应当建立健全政府信息公开审查机制，明确审查的程序和责任。

行政机关应当依照《中华人民共和国保守国家秘密法》以及其他法律、法规和国家有关规定对拟公开的政府信息进行审查。

行政机关不能确定政府信息是否可以公开的，应当依照法律、法规和国家有关规定报有关主管部门或者保密行政管理部门确定。

行政机关应当建立健全政府信息管理动态调整机制，对本行政机关不予公开的政府信息进行定期评估审查，对因情势变化可以公开的政府信息应当公开。

二 行政执法公示制度

【知识点1】行政执法公示概念

行政执法公示是保障行政相对人和社会公众知情权、参与权、表达权、监督权的重要措施。行政执法机关要按照“谁执法谁公示”的原则，明确公示内容的采集、传递、审核、发布职责，规范信息公示内容的标准、格式。

【知识点2】行政执法公示途径

建立统一的执法信息公示平台，及时通过政府网站及政务新媒体、办事大厅公示栏、服务窗口等平台向社会公开行政执法基本信息、结果信息。

【知识点3】不宜公开的信息处理方式

涉及国家秘密、商业秘密、个人隐私等不宜公开的信息，依法确需公开的，要作适当处理后公开。发现公开的行政执法信息不准确的，要及时予以更正。

【知识点4】强化事前公开

行政执法机关要统筹推进行政执法事前公开与政府信息公开、权责清单公布、“双随机、一公开”监管等工作。全面准确及时主动公开行政执法主体、人员、职责、权限、依据、程序、救济渠道和随机抽查事项清单等信息。根据有关法律法规，结合自身职权职责，编制并公开本机关的服务指南、执法流程图，明确执法事项名称、受理机构、审批机构、受理条件、办理时限等内容。公开的信息要简明扼要、通俗易懂，并及时根据法律法规及机构职能变化情况进行动态调整。

【知识点5】规范事中公示

行政执法人员在进行监督检查、调查取证、采取强制措施和强制执行、送达执法文书等执法活动时，必须主动出示执法证件，向当事人和相关人员表明身份，鼓励采取佩戴执法证件的方式，执法全程公示执法身份；要出具行政执法文书，主动告知当事人执法事由、执法依据、权利义务等内容。国家规定统一着执法服装、佩戴执法标识的，执法时要按规定着装、佩戴标识。政务服务窗口要设置岗位信息公示牌，明示工作人员岗位职责、申请材料示范文本、办理进度查询、咨询服务、投诉举报等信息。

【知识点6】加强事后公开

行政执法机关要在执法决定作出之日起20个工作日内，向社会公布执法机关、执法对象、执法类别、执法结论等信息，接受社会监督，行政许可、行政处罚的执法决定信息要在执法决定作出之日起7个工作日内公开，但法律、行政法规另有规定的除外。建立健全执法决定信息公开发布、撤销和更新机制。已公开的行政执法决定被依法撤销、确认违法或者要求重新作出的，应当及时从信息公示平台撤下原行政执法决定信息。建立行政执法统计年报制度，地方各级行政执法机关应当于每年1月31日前公开本机关上年度行政执法总体情况有关数据，并报本级人民政府和上级主管部门。

>>第九节 解决形式主义突出问题为基层减负

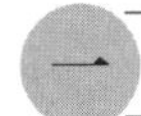

一 党中央有关决策部署

【知识点】中共中央办公厅印发《关于解决形式主义突出问题为基层减负的通知》

《关于解决形式主义突出问题为基层减负的通知》（以下简称《通知》）围绕为基层减负，聚焦“四个着力”，从以党的政治建设为统领加强思想教育、整治文山会海、改变督查检查考核过多过频过度留痕现象、完善问责制度和激励关怀机制等方面，提出了务实管用的举措。

针对目前文山会海反弹回潮的问题，《通知》要求：一是层层大幅度精简文件和会议；二是明确中央印发的政策性文件原则上不超过10页，地方和部门也要按此从严掌握；三是提出地方各级、基层单位贯彻落实中央和上级文件，可结合实际制定务实管用的举措，除有明确规定外，不再制定贯彻落实意见和实施细则；四是强调少开会、开短会，开管用的会，对防止层层开会作出规定。

《通知》着力于解决督查检查考核过度留痕的问题，明确提出要强化结果导向，坚决纠正机械式做法。针对有的地方和部门搞“责任甩锅”，把问责作为推卸责任的“挡箭牌”，《通知》要求严格控制“一票否决”事项，不能动辄签“责任状”。《通知》还要求对涉及城市评选评比表彰的各类创建活动进行集中清理，优化改进各种督查检查考核和调研活动，不干扰基层正常工作。

《通知》还对抓落实的工作机制作出安排，提出在党中央集中统一领导下，建立由中央办公厅牵头的专项工作机制。各地区党委办公厅要在党委领导下，负起协调推进落实责任。

二 国家税务总局党委有关具体措施

【知识点】切实解决税务系统形式主义突出问题为基层减负的措施

1. 树立正确政绩观方面

坚持用习近平新时代中国特色社会主义思想武装头脑，在深化消化转化上下功夫，深入贯彻落实党中央、国务院关于解决形式主义突出问题为基层减负的部署。将力戒形式主义、官僚主义作为“不忘初心、牢记使命”主题教育重要内容，教育引导税务机关党员干部牢记党的宗旨，坚持实事求是的思想路线，树立正确政绩观。

2. 精简文件简报和报表资料方面

（1）大幅减少文件数量。实施年度重点发文计划管理，加强发文统筹，避免多头、重复发文。贯彻落实除上级文件有明确要求外，不再制定贯彻落实意见及其实施细则。制度性、政策性文件需要制定任务分工的，作为附件一并下发。除全局性重要工作外，一般性工作不下发通报。局领导讲话一般在内网发布，不再发文。减少议事协调机构类文件的数量。认真落实便函管理的有关规定，严格控制数量。

（2）严格控制篇幅。反映全面工作的综合报告一般不超过 5000 字，反映单项工作的专项报告一般不超过 3000 字。制发的政策性文件原则上不超过 10 页。

（3）科学规范文件定密。严格按有关规定确定文件密级、保密期限，能公开的公开，以利基层落实和执行。

（4）精简规范简报。大力压减现有简报数量。新增简报确有必要的，必须由主要负责同志批准。除《税务简报》及落实党中央、国务院重大决策部署工作情况编发简报外，其余均通过税务内网发布。提高简报质量，重在反映创新性及可借鉴性的做法。简报篇幅一般不超过 2000 字，根据简报内容合理确定发送范围。

（5）清理规范报送资料报表。对现行制度性要求下级税务机关定期报告工作的情况进行梳理，加强统筹，列出清单后严格执行。未经司局主要负责同志、省局领导批准，不得要求下级税务机关填表报数、提供材料。不得随意通过微信工作群、QQ 群等要求基层上报报表资料，不得对信息系统中已有的数据要求基层另行报送。确需上报报表、资料的，要为基层留出足够时间。对制度性、规范性文件征求意见，一般应为下级税务机关预留 3 日时间。

3. 少开会开短会方面

（1）大幅压减会议数量。认真执行年度会议计划，做到只减不增。

（2）规范精简会议。加强会议统筹，可开可不开的一律不开，能合并的尽量合并，不能合并的尽量套开。未经主要负责同志批准，不得要求下级税务机关主要负责同志以及全体班子成员参会。不得要求无关人员陪会。

（3）开短会讲短话。局领导出席的会议，讲话一般不超过 2 小时；视频会议一般不超过 2 小时；会议交流发言单位一般不超过 5 个，每个单位发言时间不超过 6 分钟。

（4）加强视频会议管理。视频会议一般只开到下一级。确需通过视频会议开到县级税务机关的，原则上不安排在征期召开；一般提前 2 日下发会议通知；尽量提前发放会议材料，便于在视频会结束后下级税务机关接着进行部署，不得再层层开会。

4. 规范督查检查考核方面

（1）严格控制督查检查总量频次。国家税务总局原则上每年对每个省税务局开展 1 次综合督查检查，年初按程序报批后实施；确需另行开展的，必须按程序报批后实施。各省税务局每年原则上开展 1 次综合督查检查，年初向国家税务总局报备后实施；确需另行开展的，必须提前报国家税务总局审批后实施。工作调研不得随意冠以督查检查等名义。

（2）加强统筹管理。将综合督查检查与其他各类检查统筹开展；巡视巡察与“两个责任”落实情况检查、选人用人专项检查等统筹开展；离任经济责任审计和离任检查统筹开展。避免多头重复检查，强化信息交流、资源整合、成果共享。

（3）改进方式方法。减少督查检查、巡视巡察见面会的参会人员。加强信息共享，可通过信息系统调阅的文件资料、数据报表，不得要求被督查检查、被巡视巡察单位提供。强化结果导向，不得简单以留痕作为评价工作好坏的主要依据。注重实地走访和暗访，认真听取基层干部、纳税人和缴费人的意见建议，帮助解决困难。针对发现的共性问题，提出对策措施。

（4）精简优化绩效考核指标和流程。突出税收工作重点，坚持可考性、可量化原则，改进和优化绩效考核指标。在编制和修订对下绩效考核指标时，凡是正常工作中已有报告、资料的，凡是可以通过已有信息系统提取数据、生成报表的，不得将是否报送报告、报表纳入考核。年度绩效考核预总结与第三季度分析讲评工作统筹进行。绩效考核结果、考核运行情况等能在绩效信息系统中公布的，不要求基层另行书面上报。

（5）严禁变相向基层推卸责任。对税收工作中“一票否决”、签订责任状等事项进行清理，除党中央、国务院，以及国家税务总局和当地党委、政府有明确规定事项外，一律取消。

（6）改进调查研究。加强统筹，防止“扎堆”调研。创新方式方法，多开展体验式、蹲点式、解剖式调研，掌握真实情况，尽量不要求提供汇报材料。针对发现的问题和提出的意见建议，建立反馈机制。调查研究要轻车简从，不搞层层陪同，不干扰基层正常工作。

5. 完善问责制度和激励关怀机制方面

（1）完善问责机制。认真落实新修订的《中国共产党问责条例》，完善税务系统问责措施，防止问责不力和问责泛化简单化等问题。改进谈话和函询工作方法，做好心理疏导。对函询情况说明清楚且没有证据证明存在违规违纪问题的，予以采信了结并告知干部本人，必要时在一定范围内及时予以澄清。对举报不实、捏造事实，造成损害或不良影响的，要严肃追究责任。正确对待被问责的干部，对影响期满、表现好的干部，符合有关条件的，该使用的要使用。

（2）健全容错纠错机制。把“三个区分开来”的要求具体化，制发相关规定，明确容错纠错实施程序，合理设定容错纠错情形，在实施过程中正确把握干部在工作中出现失误错误的性质和影响。

（3）进一步加大对基层税务干部的关怀和激励。认真落实《中国共产党党内关怀帮扶办法》，修订《关于新形势下加强税务系统基层建设的若干措施》，加强对基层干部特别是偏远艰苦地区、税务分局（所）干部的关怀帮扶。扎实开展公务员职务与职级并行制度落实工作。安排更多面向基层税务干部的学习培训。坚持向困难地区倾斜、向基层倾斜的原则安排经费预算，将机动经费原则上全部安排给基层税务机关，研究解决机构合并后部分税务分局（所）干部职工办公用房、后勤保障等实际困难。

>>第十节 重大事项请示报告工作

税务系统重大事项请示报告工作制度规定

【知识点1】重大事项请示报告工作的责任分工

各级税务局党委要承担重大事项请示报告工作主体责任，主要负责同志为第一责任人，按照“分级负责、层层落实”的要求，在做好本级党组织重大事项请示报告工作的同时，加强对下级党组织的指导和监督，不断提高本系统请示报告工作的制度化、规范化、科学化水平。办公厅（室）牵头负责重大事项请示报告工作，对机关和本系统重大事项请示报告工作进行统筹协调、督促指导和提醒把关。相关职能部门根据职责分工，具体承办向上级党组织请示报告重大事项，在其职权范围内接受下级党组织的请示报告并作出处理。

【知识点 2】重大事项请示报告工作实行清单管理

国家税务总局党委按照《中国共产党问责条例》相关要求，结合税收工作实际，在梳理现行重大请示报告事项的基础上，研究制定了应当请示报告的重大事项清单，并根据有关要求适时对清单进行调整完善。清单只列入应当请示报告的重大事项，对常规性、一般性的请示报告事项，按照既定规定和程序进行。

【知识点 3】规范重大事项请示报告报送程序

请示报告应当逐级进行，一般不得越级请示报告。省级和省级以下税务局党委根据以国家税务总局为主、与省区市党委和政府双重领导的管理体制要求，应当向上级税务局党委请示报告，同时抄送当地党委；也可根据事项性质和内容向当地党委请示报告，同时抄送上级税务局党委；特殊情况下，可以不抄送。党员一般应当向所在党组织（党支部、党总支）请示报告重大事项；领导干部一般应当按照干部管理权限和事项内容向本级党委（党组）或上级党组织请示报告重要工作。要注重提高时效性，严格按照规定时限要求进行请示报告。

【知识点 4】各级税务局党委要对请示报告严格把关

不断提高请示报告质效。要严格政治把关，在请示报告中规范使用有关表述，确保请示报告的内容符合中央精神、体现“两个维护”的要求。要对请示报告的真实性负责，认真核实非第一手、转报的情况，情况不明或者来不及核实的须作说明。要进一步改进文风，做到言之有物、简明扼要、意尽文止。请示必须情况全面、事实准确、意见明确，坚决防止一点点小事都层层上报请示、推诿塞责、上交矛盾的做法；报告要坚持问题导向，报送的落实措施要可量化，落实效果要可验证，意见建议要有针对性和可操作性，篇幅字数要符合相关规定。要加强统筹，对主题相近、内容关联的同类事项可归并整合报告。要注重实效，坚决杜绝请示报告工作中的形式主义、官僚主义问题。

【知识点 5】强化重大事项请示报告工作监督检查

各级税务局党委应当将重大事项请示报告工作开展情况纳入向上一级党委报告工作的重要内容，在报送履行党风廉政建设责任制、党建工作等有关情况时予以体现，并作为履行全面从严治党政治责任的重要内容，对下级税务局党委及其主要负责同志进行考核评价。要建立健全重大事项请示报告工作督查机制，将执行请示报告制度情况纳入日常监督、绩效管理和巡视巡察范围。实行重大事项请示报告责任追究制度，对违反有关规定的，要依规依纪追究责任。

第六章 干部管理

>> 知识架构

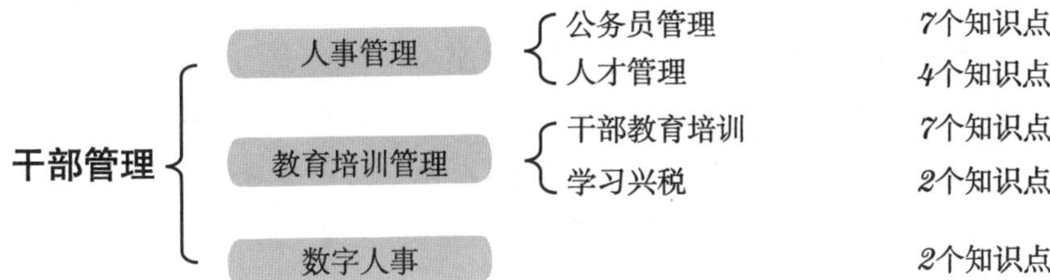

>> 第一节 人事管理

一 公务员管理

公务员，是指依法履行公职、纳入国家行政编制、由国家财政负担工资福利的工作人员。公务员是干部队伍的重要组成部分，是社会主义事业的中坚力量，是人民的公仆。《中华人民共和国公务员法》规范和明确了公务员的义务、权利和管理。公务员的管理，坚持公开、平等、竞争、择优的原则，坚持监督约束与激励保障并重的原则，依照法定的权限、条件、标准和程序进行。国家实行公务员职位分类制度，职位类别按照公务员职位的性质、特点和管理需要，划分为综合管理类、专业技术类和行政执法类等类别。国家实行公务员职务与职级并行制度，根据公务员职位类别和职责设置公务员领导职务、职级序列。公务员的任用，坚持德才兼备、以德为先，坚持五湖四海、任人唯贤，坚持事业为上、公道正派，突出政治标准，注重工作实绩。国家对公务员实行分类管理，提高管理效能和科学化水平。公务员工资、福利、保险以及录用、奖励、培训、辞退等所需经费，列入财政预算，予以保障。公务员依法履行职责的行为，受法律保护。

【知识点 1】公务员的职位分类

按照公务员职位的性质、特点和管理需要，公务员职位类别分为综合管理类、专业技术类和行政执法类等类别。国家实行公务员职务与职级并行制度。根据公务员职位类别和职责设置公务员领导职务和职级序列。领导职务层次由高至低依次为 10 级，最高为国家级正职，最低为乡科级副职。综合管理类公务员职级序列分为 12 级，最高为一级巡视员，最低为二级科员。

【知识点2】公务员录用

录用担任一级主任科员以下及其他相当职级层次的公务员，采取公开考试、严格考察、平等竞争、择优录取的办法。录用的程序为：在规定的编制限额内，有相应的职位空缺，发布招考公告，考试（笔试、面试），资格复审、考察、体检，录用公示，试用期 1 年。下列人员不得录用为公务员：因犯罪受过刑事处罚的；被开除中国共产党党籍的；被开除公职的；被依法列为失信联合惩戒对象的；有法律规定不得录用为公务员的其他情形的。

【知识点3】公务员考核

全面考核公务员的德、能、勤、绩、廉，重点考核政治素质和工作实绩。考核分为平时考核、专项考核和定期考核等方式。定期考核以平时考核、专项考核为基础。定期考核的结果分为优秀、称职、基本称职和不称职 4 个等次。定期考核的结果作为调整公务员职位、职务、职级、级别、工资以及公务员奖励、培训、辞退的依据。

【知识点4】公务员职务、职级任免与升降

公务员领导职务实行选任制、委任制和聘任制。公务员职级实行委任制和聘任制。晋升领导职务，应当具备拟任职务所要求的政治素质、工作能力、文化程度和任职经历等方面的条件和资格。晋升领导职务程序包括：动议；民主推荐；确定考察对象，组织考察；按照管理权限讨论决定；履行任职手续。晋升职级，应当在职级职数内逐级晋升，并应当具备一定基本资格。晋升职级程序包括：工作方案；民主推荐或者民主测评，提出初步人选；考察了解并确定拟晋升职级人选；公示（不少于 5 个工作日）；审批。

【知识点5】公务员奖励

坚持定期奖励与及时奖励相结合，精神奖励与物质奖励相结合、以精神奖励为主的原则。奖励条件包括：忠于职守，积极工作，勇于担当，工作实绩显著的；遵纪守法，廉洁奉公，作风正派，办事公道，模范作用突出的；在工作中有发明创造或者提出合理化建议，取得显著经济效益或者社会效益的；为增进民族团结，维护社会稳定做出突出贡献的；爱护公共财产，节约国家资财有突出成绩的；防止或者消除事故有功，使国家和人民群众利益免受或者减少损失的；在抢险、救灾等特定环境中做出突出贡献的；同违纪违法行为作斗争有功绩的；在对外交往中为国家争得荣誉和利益的；有其他突出功绩的。奖励分为：嘉奖、记三等功、记二等功、记一等功、授予称号。对受奖励的公务员或者公务员集体予以表彰，并对受奖励的个人给予一次性奖金或者其他待遇。

【知识点 6】公务员监督与惩戒

机关应当对公务员的思想政治、履行职责、作风表现、遵纪守法等情况进行监督，开展勤政廉政教育，建立日常管理监督制度。对公务员监督发现问题的，应当区分不同情况，予以谈话提醒、批评教育、责令检查、诫勉、组织调整、处分。对公务员涉嫌职务违法和职务犯罪的，应当依法移送监察机关处理。处分分为：警告、记过、记大过、降级、撤职、开除。受处分的期间为：警告，6 个月；记过，12 个月；记大过，18 个月；降级、撤职，24 个月。公务员在受处分期间不得晋升职务、职级和级别，其中受记过、记大过、降级、撤职处分的，不得晋升工资档次。

【知识点 7】公务员辞职、辞退与退休

公务员辞职，是指向任免机关提出书面申请。任免机关应当自接到申请之日起 30 日内予以审批，其中对领导成员辞去公职的申请，应当自接到申请之日起 90 日内予以审批。辞退的情形包括：在年度考核中，连续 2 年被确定为不称职的；不胜任现职工作，又不接受其他安排的；因所在机关调整、撤销、合并或者缩减编制员额需要调整工作，本人拒绝合理安排的；不履行公务员义务，不遵守法律和公务员纪律，经教育仍无转变，不适合继续在机关工作，又不宜给予开除处分的；旷工或者因公外出、请假期满无正当理由逾期不归连续超过 15 日，或者 1 年内累计超过 30 日的。不得辞退的情形包括：因公致残，被确认丧失或者部分丧失工作能力的；患病或者负伤，在规定的医疗期内的；女性公务员在孕期、产假、哺乳期内的；法律、行政法规规定的其他不得辞退的情形。公务员符合下列条件之一的，本人自愿提出申请，经任免机关批准，可以提前退休：工作年限满 30 年的；距国家规定的退休年龄不足 5 年，且工作年限满 20 年的；符合国家规定的可以提前退休的其他情形的。

二 人才管理

【知识点 1】税务系统素质提升“2271 工程”

根据新时代税收现代化需要，在继承和发扬素质提升“1115”工程的基础上进行提档升级，实施素质提升“2271”工程，即构建由 200 名左右战略人才、2000 名左右领军人才、7 万名左右业务标兵、1 万名左右青年才俊构成的税务人才队伍新体系。

【知识点 2】税收战略人才

税收战略人才以税务领军人才 4 年培养周期为基础，逐年筛选已经结业的优秀处级以上领军人才，通过6年左右的继续跟踪培养，争取到2030年，在税务系统培养百名左右税收战略人才，到2035年，战略人才数量累计达到200名左右。按照综合型和国际化两种途径统筹推进战略人才培养。将担任厅局级领导职务的领军人才纳入综合型战略人才，将担任正处级及以上领导职务的外派回国人员纳入国际化战略人才。通过分途培养，不断提高战略思维能力、综合决策能力和驾驭全局能力。

【知识点3】税务领军人才

1. 培养目标：到2035年，领军人才数量累计达到2000名左右。

2. 培养对象：全国税务系统具有较高政治业务素质、突出工作业绩和较大发展潜力的优秀年轻干部；大型企业主管税务的负责人，涉税中介机构中高级执业管理人员，高等院校及科研机构从事税收教学科研的中坚力量。

3. 培养方向：分为综合管理、税收业务和税收信息化管理3类。

4. 培养方式：以集中培训、在职自学、实践锻炼相结合的方式进行，培养周期为4年。

5. 选拔程序：包括预录取、学习能力评估、工作能力评估、综合评价等四个环节，满分为100分。其中，预录取成绩占50%，学习能力评估成绩占25%，工作能力评估成绩占25%。综合评价选拔期各个环节的表现后，正式确定录取人员名单。

【知识点4】业务标兵

将专业骨干、岗位能手和税务总局专业人才库人才整合为业务标兵。常态化开展“岗位大练兵、业务大比武”活动，逐级选拔市局级、省局级、总局级业务标兵。到2025年，各层级业务标兵总量达到7万名左右。业务标兵因工作岗位调整，所在业务条线发生变化时，可结合工作岗位相关性，转为新岗位所属条线业务标兵。

>>第二节 教育培训管理

一 干部教育培训

【知识点1】干部教育培训的对象与类别

干部教育培训对象是全体干部，重点是县处级以上党政领导干部和优秀年轻干部。

干部教育培训的类别有：党的理论教育和党性教育的专题培训、贯彻落实党和国家重大决策部署的集中轮训、新录（聘）用的初任培训、晋升领导职务的任职培训、提升履职能力的在职培训、其他培训。

【知识点2】干部教育培训内容

以深入学习贯彻习近平新时代中国特色社会主义思想为主题主线，包括党的理论教育、党性教育和履职能力培训，注重知识培训。

【知识点3】干部教育培训的方式和方法

干部教育培训以脱产培训、党委（党组）理论学习中心组学习、网络培训、在职自学等方式进行。干部教育培训应当根据内容要求和干部特点，综合运用讲授式、研讨式、案例式、模拟式、体验式、访谈式、行动学习等方法。

【知识点4】税务干部教育培训机构、师资、课程、教材及经费的相关规定

1. 教育培训机构

培训机构原则上应当在税务系统干部院校和当地党校、行政学院等院校内择优选择，确需在其他地方举办的，应选择省级以上主管部门认可的培训机构。不得在无培训资质的各类培训中心、高档宾馆、风景名胜区举办培训班。

2. 师资

按照“政治坚定、素质优良、规模适当、结构合理、专兼结合”原则，建立以税务系统内专兼职教师为主体、社会外聘教师为补充的师资队伍。

3. 经费

各级税务机关要将干部教育培训经费列入年度预算，保障工作需要。教育培训管理部门对本级干部教育培训经费实行归口管理，严格控制教育培训专项经费支出范围，教育培训经费专款专用。按照《中央和国家机关培训费管理办法》和国家税务总局的培训费管理办法要求，严格培训项目经费支出范围，严格在标准限额和预算内支出，严格审核报销资料和凭证，严格按程序支付结算。规范执行培训费综合定额标准和师资费标准，不得向参训人员收取任何费用，不得以任何方式转嫁或摊派培训费用。税务干部个人参加社会化培训，费用一律由本人承担，不得由财政经费和单位经费报销，不得接受任何机构和他人的资助或者变相资助。

【知识点5】教育培训时间规定

处级以上领导干部、四级调研员及相当层次职级以上公务员（含同时担任科级领导职务的干部）、事业单位六级管理岗位（职员）以上人员，每5年参加集中培训累计不少于3个月或550学时；科级领导干部（不含已晋升四级调研员及相当层次职级以

上公务员）、一级主任科员及相当层次职级以下公务员、事业单位其他管理人员、专业技术人员，每年参加集中培训累计不少于 12 天或 90 学时。以上所有税务干部每年参加网络自学累计不少于 50 学时。

晋升处级副职以上领导职务公务员任职培训集中脱产培训时间不少于 30 天。晋升科级（含正、副职）领导职务公务员任职培训集中脱产培训时间不少于 15 天。任职培训应当在公务员任职前或任职后 1 年内进行。

【知识点 6】培训费有关规定

（1）培训费，是指开展培训直接发生的各项费用支出，包括师资费、住宿费、伙食费、培训场地费、培训资料费、交通费以及其他费用。

（2）除师资费外，培训费实行分类综合定额标准，分项核定、总额控制，各项费用之间可以调剂使用。三类培训（参训人员主要为处级及以下人员的培训项目）每人天不超过 550 元。

（3）讲课费（税后）执行以下标准：副高级技术职称专业人员每学时最高不超过 500 元；正高级技术职称专业人员每学时最高不超过 1000 元；院士、全国知名专家每学时一般不超过 1500 元。讲课费按实际发生的学时计算，每半天最多按 4 学时计算。

【知识点 7】培训管理有关规定

税务干部在参加组织选派的脱产教育培训期间，一般应享受在岗同等待遇，一般不承担所在单位的日常工作、出国（境）考察等任务。因特殊情况确需请假的，必须严格履行手续。请假时间累计超过总学时 1/7 的，按退学处理。

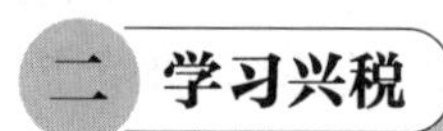

二 学习兴税

【知识点 1】学习兴税平台

学习兴税平台是集学习、培训、测试、评价、应用于一体的网络学习培训平台，是推进税务干部教育培训数字化的重要载体，是学习强国平台在税务系统的部门化拓展。

【知识点 2】学习兴税平台日常学习

日常学习指税务干部完成税务总局在学习兴税平台组织的必学知识学习，分为必学必练和集中练习，内容包括党建知识、公共知识和专业知识。

其中，必学课程年度累计不少于 8 门，必练习题年度累计不少于 200 道。集中练习原则上于每年 11 月开放，干部在开放时间内择时完成。集中练习题从平台已发布的条线必学必练习题中随机抽取。学习兴税平台实时记录税务干部日常学习情况，并于每年 11 月 30 日根据所选条线自动生成税务干部日常学习年度得分。日常学习年度得分实行百分制，其中，必学必练占 60%，按实际完成进度计算得分；集中练习占 40%，以最高成绩计入。根据数字人事制度有关规定，参加业务能力评定升级的税务干部，日常学习年度得分需达到 60 分。

税务干部因公外派、出国（境）培训、系统外交流任职，因公离岗以及身体等其他原因脱离岗位半年以上的，经省（市、区）税务局教育培训主管部门批准，可不参加日常学习，该年度不纳入结果运用范围。

>> 第三节 数字人事

数字人事是以平时考核为核心内容，运用大数据管理的思维和方法，将现行主要按“事”制定的一系列干部管理法规制度，转化为按“人”归集的考核指标，通过对每一位税务干部日常工作、学习、成长的轨迹和考核成绩记录并累积下来，形成“个人成长账户”大数据，形成干部考核管理日常化、多维化、数据化、累积化、可比化的干部综合考核评价管理体系，为干部实绩评估、提拔任用、考核问责等提供全面、科学、准确的参考，从而将中央全面从严治党和加强干部队伍管理的要求落到实处，促使干部一生向上、一心向善。

【知识点 1】数字人事相关概念

数字人事，是指税务系统根据中央关于干部考核评价和日常管理制度规定，运用大数据理念和方法，建立形成的数字化干部考核评价管理体系。是将现行按“事”考核评价和日常管理干部的制度规定，转化为按“人（岗）”量化归集的评价和管理指标。数字人事有四大支柱，分别为：平时考核、公认评价、业务能力评价、领导胜任力评价。个人成长账号有七要素模型，分别是指：德、能、勤、绩、廉、评、基。

【知识点 2】数字人事“两测”概述

数字人事“两测”指开展业务能力升级和领导胜任力“两项测试”。

1. 业务能力升级测试

业务能力升级测试主要面向 45 岁以下（不含 45 岁）税务干部，年满 45 岁的税务干部自愿参加业务能力升级测试的，给予卷面加分。业务能力专业类别分为综合管理、纳税服务、征收管理、税务稽查和信息技术等5类；业务能力级档分为初级、中级和高级，共11档。其中，初级对应1~5档，中级对应6~9档，高级对应10~11档。税务干部晋升领导职务，应具备相应的业务能力级档。税务干部晋升职级，原则上应具备相应的业务能力级档。

业务能力测试实行百分制，由日常学习考核得分和集中测试得分按各占50%权重量化计算得出。日常学习考核得分，实行百分制，按从取得当前业务能力级档到本次升级之间各年度日常学习年度得分的平均分计算，通过学习兴税平台产生。日常学习年度得分根据学习兴税平台必学知识学习情况按一定权重量化计算得出。集中测试采取机测或者笔试的方式，由税务总局和省级税务局根据干部管理权限分别组织实施考务工作，原则上每年举行1次。

2. 领导胜任力测试

领导胜任力测试，是指对拟晋升领导职务的税务干部，在履行岗位职责必备的领导决策、组织管理、统筹落实等方面进行的素质能力测试。税务干部晋升职务，应通过相应层级的领导胜任力测试。测试分为正厅、副厅、正处、副处、正科、副科等6个层级。主要测试对马克思列宁主义、毛泽东思想、邓小平理论、“三个代表”重要思想、科学发展观、习近平新时代中国特色社会主义思想的理解认识，引导、激励领导干部不断提高政治能力、调查研究能力、科学决策能力、改革攻坚能力、应急处突能力、群众工作能力和抓落实能力。

领导胜任力测试原则上每年组织1次，实行百分制，按通过率确定测试合格人员。自2024年3月起，领导胜任力测试成绩有效期延长至5年，之前已经取得的测试成绩，也可适用。

3. 业务能力升级跨档报名

获得与税收工作相关的高级专业技术职务任职资格的，正高可跨2档、副高可跨1档报名参加测试；获得与税收工作相关的资格证书，可跨1~2档报名参加测试；经培养合格的与税收工作相关的领军人才，可跨2档报名参加测试；在省局练兵比武中获前5名的，可在省局组织的测试中跨1档报名参加测试；在职取得更高层次学历或者学位（按照本科、硕士、博士3个层次），每提升1个层次，可跨1档报名参加测试。税务干部符合以上条件申请跨档报名参加测试的，申请跨档测试的上年度数字人事年度考核得分必须位于第1段。跨档报名参加测试只在9档以下进行。每名干部参加业务能力升级测试最多可跨2档，可根据跨档条件选择一次性跨2档或者分两次各跨1档。